现代电子信息原理与技术探索

张亚超　韩彦东　李亚民　著

西北工业大学出版社

西　安

【内容简介】 本书围绕电子信息展开探讨，主要内容有电子信息概论、计算机科学与网络技术、通信网与通信技术、数字电子技术原理、集成电路与微波技术、信号与信息处理技术等。

本书可供信息工程、物联网、通信、自动化等领域的科研人员、工程师阅读。

图书在版编目（CIP）数据

现代电子信息原理与技术探索 / 张亚超，韩彦东，李亚民著. — 西安：西北工业大学出版社，2023.10
ISBN 978-7-5612-9072-9

Ⅰ.①现… Ⅱ.①张… ②韩… ③李… Ⅲ.①电子信息-研究 Ⅳ.①G203

中国国家版本馆 CIP 数据核字（2023）第 208125 号

XIANDAI DIANZI XINXI YUANLI YU JISHU TANSUO

现代电子信息原理与技术探索

张亚超 韩彦东 李亚民 著

责任编辑：高茸茸　　装帧设计：李浩阳
责任校对：陈　瑶
出版发行：西北工业大学出版社
通信地址：西安市友谊西路 127 号　　邮编：710072
电　　话：（029）88493844，88491757
网　　址：www.nwpup.com
印 刷 者：三河市悦鑫印务有限公司
开　　本：710 mm×1 000 mm　　1/16
印　　张：12
字　　数：209 千字
版　　次：2024 年 3 月第 1 版　　2024 年 3 月第 1 次印刷
书　　号：ISBN 978-7-5612-9072-9
定　　价：79.00 元

前　言

电子信息工程是一门应用计算机等现代化技术进行电子信息控制和信息处理的学科，主要研究信息的获取与处理，电子设备与信息系统的设计、开发、应用和集成。当今世界，科学技术的发展日新月异，在这空前的技术发展进程中，电子信息技术以其独特的渗透力正在迅速地改变着我们周围的一切。电子信息技术在当今世界中扮演着至关重要的角色，它已经深刻地改变了我们的生活方式、社会结构和经济格局。利用现代电子信息技术来改变我们的生活与学习，改造传统的各个行业，已成为当今社会人们的共识。

本书首先围绕电子信息展开探讨，包括电子信息科学技术认知及发展、电子信息科学技术分析、电子学的重要发明及应用；其次，从计算机科学与网络技术的角度，讨论计算机的发展及其工作原理、计算机网络互联与传输设备、计算机网络信息安全技术分析；然后，从通信网与数据通信技术、通信技术的发展趋势、无线通信技术与系统分析、光纤通信技术原理与应用四个方面，探索通信网与通信技术；最后，围绕数字电子技术原理、集成电路与微波技术，以及信号与信息处理技术展开深入的分析。

全书内容通俗易懂、结构层次严谨、条理清晰分明，从电子信息相关的基础理论入手，拓展到相关技术原理探索，兼具理论与实践价值，可供广大相关工作者参考、借鉴。

在撰写本书的过程中，得到了许多专家、学者的帮助和指导，在此表示诚挚的谢意。同时，参阅了相关文献，在此向其作者表示衷心的感谢。

由于笔者水平有限，书中不足之处在所难免，希望各位读者多提宝贵意见，以便进一步修改，使之更加完善。

著　者

2023 年 5 月

目　录

第一章　电子信息概论

第一节　电子信息科学技术认知及发展

一、电子信息科学技术的认知

（一）信息

信息，指音信、消息。通信系统传输和处理的对象，泛指人类社会传播的一切内容。人们通过获得、识别自然界和社会的不同信息来区别不同事物，得以认识和改造世界。在一切通信和控制系统中，信息是一种普遍联系的形式。

美国人吉布斯[①]创立了向量分析并将其引入物理学和工程学中，为事件的不确定性和偶然性研究找到了一个全新的角度，从而使人类在科学把握信息的意义上迈出了第一步。他认为，“熵”是关于一个物理系统信息不足的量度。

第一，电子学家、计算机科学家认为“信息是电子线路中传输的信号”，即信息是事物的存在方式或运动状态，以这种方式或状态直接或间接的表述。

第二，信息是为了满足用户决策的需要而经过加工处理的数据。简单地说，信息是经过加工的数据，或者说，信息是数据处理的结果。

第三，根据对信息的研究成果，科学的“信息”的概念可以概括为：信息是对客观世界中各种事物的运动状态和变化的反映，是客观事物之间相互联系和相互作用的表征，表现的是客观事物运动状态和变化的实质内容。

（二）信息技术

人类对信息的认知是随着科学技术的发展而深化的，信息所包含的内容也在不断地丰富。不论何种信息，要描述它都需要通过语言、文字（包

---

① 约西亚·威拉德·吉布斯（Josiah Willard Gibbs，1839 年 2 月 11 日—1903 年 4 月 28 日），美国物理化学家、数学物理家。

括定律、数学公式和数据等书面形式）或图像反映出来，因而信息与语言、文字和图像密不可分。在一定程度上可以说，信息技术是关于语言、文字和图像的技术。但是，语言、文字和图像不能与信息等同。例如，不同的人用同一种语言描述同一事物，可能一个人文字简洁，却描述得十分清楚，而另一个人虽然文字冗长，但却词不达意，不能使人明白事物的本质。因此，人们逐渐将语言、文字和图像看成是消息，而将信息看成是消息所表征的自然界事物运动变化的内在规律和本质。但在不少情况下，人们又并未将二者严格区分开来，往往“信息”一词指的就是消息，“消息”一词指的就是信息。

信息是客观存在的，并不以人的意志为转移，但限于科学技术水平、经验以及研究的不充分，人们现在对很多自然现象还不了解，甚至并未感知到它的存在，因而无法描述它。对于自然界的这类未知事物，它们还未进入人类的认知体系，也不能用信息技术方法描述它们，因而也未能给人们信息量。

考察人类的发展历史，可以说，人类社会的进步离不开信息技术的进步。例如，人类起先创造了语言，动物可能也有“语言”，但是动物的语言远没有人类的语言复杂、完美。有了语言才可以彼此交流、沟通，交换各自得到的信息。后来，人类又创造了文字，可以记录语言和其他信息现象，进而发展了印刷术，有了出版物和图书馆，使得人类的知识可以长期保存并传承下去。到了 1839 年，法国人达盖尔①发明了银版照相机，使用感光材料解决了显影、定影的技术问题，使得该照相机可以成功地记录图像，使信息技术又向前跨进了一大步。至此，可用作信息载体的信息的物理形态——语言、文字和图像都已基本完善。

语言在人类社会的信息交流中使用最频繁，也最便利，人们对于语言的研究也最早，其次是图像。1938 年，黑白电视广播商用，可以使图像通达千家万户。这些技术伴随着世界工业革命而诞生，同时也大大加快了工业革命的进程。电视不只丰富了人们的物质文化生活，而且是生产工具或者武器的一部分，如远程医疗会诊、武装机器人、导弹电视末制导等。

电话、电视都与电有关，然而，信息技术也可以是非电的，例如，机械的、光的等。美国科学家爱迪生于 1877 年发明的留声机（如今的电唱机）

---

① 路易·雅克·曼德·达盖尔（Louis Jacques Mand Daguerre，1787 年 11 月 18 日—1851 年 7 月 10 日），法国发明家、艺术家、化学家。

利用的就是记录声音产生机械振动的原理。他制作的“第一台会说话的机器”就是使用一张锡箔卷在刻有螺旋槽纹的金属圆筒上，让针尖轻擦着锡箔转动，另一头和受话器连接，在摇动曲柄转动螺旋槽金属圆筒的同时对着受话器唱歌，歌声就通过针尖将声音的振动记录在锡箔上；而后将针尖重新回到起始点，再摇动曲柄，受话器膜片就“唱”出了歌声。这就是早期机械留声机的原理。

关于文字的技术也一直在发展，我国是最早使用活字印刷术的国家，也是第一个采用数字激光照排印刷技术的国家，并且我国的数字激光照排技术水平一直在世界前列。

信息技术的高速发展是在 20 世纪 90 年代之后，以互联网、移动通信网和数据通信网为代表的信息网络技术的成熟和普及，改变了全球经济社会发展的格局，促进了社会的信息化变革。进入 21 世纪，信息化对经济社会发展的影响更加深刻。广泛应用、高度渗透的信息技术正孕育着新的重大突破。信息资源日益成为重要的生产要素、无形资产和社会财富。信息技术是当代社会最具潜力的新的生产力。信息化水平已成为现代化水平和综合国力的重要标志。

（三）信息科学

信息科学是人类了解自然、感知自然、了解社会、沟通信息的一门综合性学科。信息科学是由信息论、通信工程、控制论、计算机科学、仿生学、系统工程与人工智能等学科互相渗透、相互结合而形成的。从技术角度看，则可以认为信息科学是系统研究信息获取、传输、处理、显示、存储、检索与应用的学科，它涉及语言、文字、数据（包含物理参数）、生物信息、图像等信息形式。

随着信息科学技术的不断进步，世界工业体系中形成了庞大的信息产业。我国在信息技术研究领域进步速度非常快，建立了大量的研究机构，目前在大学设立有若干相应的工科专业，如通信工程、电子信息工程、电子科学与技术、光信息科学与技术、光电信息工程、计算机科学与技术、控制科学与技术，以及数字媒体技术等。在大学本科专业之上又划分了若干研究生的专业学科，规划了各学科的重点研究方向，以培养信息学科的高级专门人才。21 世纪，随着学科的高度分化和高度结合，有关信息学科的专业设置、学科分工及人才培养等将会不断调整与变化，以适应未来信息科学的发展。

二、电子信息科学技术的发展

电子信息科学技术已经渗透到交通、建筑、金融、物流等各个行业和领域，在改变人们工作和生活方式的同时，也加速社会和经济的发展。

（一）电与电子管

人们很早就知道摩擦生电这一物理现象，最早可追溯到公元前。到了1819年，丹麦科学家奥斯特发现了电流的磁效应。1820年，法国科学家安培对电流和磁场之间的关系做了进一步的研究。1831年，英国科学家法拉第发现了电磁感应现象，并奠定了发电机的理论基础，这可以说是19世纪最重要的发明。有了发电机，有了电，才有了19世纪60年代前后的众多发明（如电灯、电报、电话及多种电动工具等），也才能在20世纪初产生电子技术。

电子技术是从电子管开始的。1833年，当爱迪生在寻找电灯泡中灯丝的材料时，发现了受热灯丝的附近存在热电子。1885年，英国电气工程师弗莱明发现，如果在灯泡里装上碳丝（称为阴极）和铜板（称为阳极或者屏极），那么灯泡里的电子可实现从阴极到阳极的单向流动。1904年，弗莱明制成了在灯泡中装有阴极和阳极的世界上第一支真空二极管。真空二极管可以对交流电进行整流（或者称之为检波），即使电子朝一个方向流动，在二极管中实现了对电子的控制。然而，真空二极管的功能是有限的，还不足以对电子技术的发展产生重大影响。标志着跨入电子时代的发明是真空三极管。

为了提高真空二极管的使用性能，1906年，德·弗雷斯特在真空二极管内插入一个栅栏式的金属网，发现这个栅网能十分有效地控制二极管中电子由阴极向阳极间的流动，只要在栅网上加一个十分微弱的电流，就可以在阳极上得到比栅极大得多的电流，而且阳极上的电流波形和栅极上的电流波形完全一致，这就是三极管对信号的放大作用。真空三极管的发明使信息技术从此跨入了电子时代。此后的无线电、收音机、电视机都是基于真空三极管对信号的放大原理才制造出来的。在半导体三极管发明之前，真空二极管、真空三极管及其改进产品在电子技术领域统治了50余年。

电子管，也被称为真空管，是一种具有重要历史和实用价值的电信号放大器件。自其发明以来，电子管在多个领域发挥了重要作用，特别是在推动电子技术的发展方面。

电子管的构造独特，它被封闭在一个玻璃容器内，这个容器通常是一个细长的玻璃管。电子管内有阴极电子发射部分、控制栅极、加速栅极和阳极（屏极）引线，这些部分都焊接在管基上，使得电子管成为一个完整且高度集成的器件。电子管的核心工作原理是利用电场对真空中的控制栅极注入电子。这些被注入的电子在经过加速栅极时获得能量，从而调制信号。这个调制信号在阳极获得放大或反馈振荡，生成具有不同参数的信号数据。这个过程使得电子管能够将微弱的电信号转化为强大的电信号，从而驱动更大的负载。电子管的这种特性使其在早期的电子产品中得到了广泛应用，例如电视机、收音机、扩音机等。然而，随着半导体技术和集成电路的快速发展，电子管逐渐被更为先进的半导体材料所取代。尽管如此，在一些追求高保真音质的专业音响器材中，仍然会使用低噪声、稳定系数高的电子管作为音频功率放大器件。

电子管作为早期电信号放大器件，在推动电子技术的发展和促进电子产品功能的提升方面发挥了重要作用。尽管其在某些领域已经被更先进的半导体材料所取代，但电子管的特殊性质和历史价值仍然使其成为一些专业领域的重要选择。

（二）半导体器件

用电子管器件可以制造出各种类型的电子设备，也可以用于制造计算机。它的缺点是体积大、功耗大，需加热灯丝才能发射出电子，因此一个电子管就是一个小白炽灯泡。半导体晶体管的发明开创了世界电子科学技术的新时代。半导体是一种介于金属和非金属之间的材料，以锗和硅为代表。1947 年，美国贝尔实验室的 3 位科学家巴丁、布喇顿和肖克利在研究锗和硅的物理性质时，意外地发现，在一定性质的锗晶体物理结构条件下，锗晶体对信号有放大作用。随后，他们制造出了世界上第一支点接触型锗晶体三极管。晶体管体积小、耗电少，迅速取代了电子管，成为各类电子设备的主流器件。由于这一了不起的电子技术成就，巴丁、布喇顿和肖克利 3 人共同获得了 1956 年诺贝尔物理学奖。

（三）集成电路

晶体管的体积虽然比电子管小得多，但还是不够小，一万只晶体管制成的电子设备仍然不能放在手掌心上。继电子管、晶体管之后，电子器件的第三次革命是集成电路。

1958 年，美国德州仪器公司工程师基尔比在一块 6.45 mm^2 的硅片上集成了 12 个元件，研制出了一个电阻-电容（Resistor-Capacitance，RC）移相式振荡器。这是世界上第一块集成电路芯片，它标志着电路制作上的一次革命性进展，从此开创了微电子新时代。

在基尔比发明的集成电路的基础上，美国硅谷仙童半导体公司工程师诺伊斯提出了用平面处理技术来实现集成电路的大批量生产。随后，集成电路产品迅速取代晶体管分离元器件，在美国硅谷创办了巨大的集成电路产业。随着集成电路技术的进步，电子线路产品体积越来越小，使今天的个人计算机与移动电话成为可能。1966 年，基尔比和诺伊斯被富兰克林学会同时授予美国科技人员的最高奖——巴兰丁奖章。

1961 年，美国德州仪器公司研制成功了世界上第一台集成电路计算机，共采用 587 块集成电路，质量约为 300 g，体积为 100 cm^3，功率为 16 W。

集成电路以一块芯片上集成数字电路中一种最简单的“门电路”的个数来区分集成电路的规模，100 个以下的为小规模集成电路，100~1 000 个的为中规模集成电路，1 000~10 000 个的为大规模集成电路，10 万个以上的为超大规模集成电路（Very Large Scale Integrated Circuit，VLSI）。目前电路之间的连线宽度已小于 1 μm，可达 0.1 μm 甚至更低，已接近物理最小极限。在这种极限尺寸条件下，一块芯片上的电路单元个数在 10 亿左右。

目前，VLSI 芯片的技术已进入片上系统（System on Chip，SoC）时代，即把一个电子系统集成在一块集成电路芯片上。这样不但可以减小设备的体积，还能提高设备的可靠性和生产效率，降低成本，在学科上也促进了微电子和信息系统整机产业的融合。集成电路已不再是电路，而是系统，由几片集成电路互连就可构成一台整机。生产集成电路的公司已不再是只生产集成电路，它们在生产集成电路的同时还提供整机解决方案，整机厂家所做的工作大多是外形设计和配套一些功能软件，产品质量主要是由集成电路芯片决定的，这是当前电子信息产业的新特征。

（四）纳米电子器件

纳米电子学和纳米电子器件将是微电子器件的下一次革命。纳米电子器件的功能将远远超出人们的预期，它将给人类信息科学技术的发展带来新的变革。随着固体器件尺寸变小，达到纳米（1 nm＝10^{-9} m）级尺寸，其中受限电子会呈现量子力学波动效应和现象，使器件出现用经典力学无法解释的特性，且众多特性在信息电子学看来是十分有用的，可以供人们研究与制造新的电子器件，如纳米集成电路、纳米显示器等。

纳米电子学是当今世界电子学发展的大势所趋，全世界的众多科学家正大力开展研究工作并取得了很大进展。1997 年，北京大学成立了纳米科学与技术研究中心。该中心通过化学、物理、电子、生物、微电子的多学科交叉，在超高密度信息存储材料、纳米器件的组装和自组装、纳米结构的加工、短单壁碳纳米管的结构和电子学特性研究、近场光学显微技术、纳米尺度的生物研究以及微电子机械加工技术方面都取得了可喜的成果。例如，发现了 0.33 nm 级别的单壁碳纳米管，该碳纳米管上侧呈垂直形状，得出了纳米电子器件的 T 形模型。T 形纳米管是一种特殊的纳米材料，其结构类似于字母“T”的形状。它由一个垂直于基底平面的纳米线和一个横向连接两个端点的纳米梁组成。这种结构使得 T 形纳米管在电子器件、传感器和催化剂等领域具有潜在的应用价值。T 形纳米管的性质与普通纳米管有所不同。由于其特殊的结构，因此，T 形纳米管具有较高的比表面积和良好的导电性能。T 型纳米管的力学性能也优于普通纳米管，具有更高的强度和刚度。这些性质使得 T 形纳米管在电子器件、传感器和催化剂等领域具有潜在的应用价值。T 形纳米管可以作为电极材料，用于制造高灵敏度的场效应晶体管和气体传感器。此外，T 形纳米管的优异力学性能使其成为制造微型机器人和微型传动器等微纳机器人的理想材料。

第二节　电子信息科学技术分析

一般来说，电子信息科学技术主要是采用电子学的方法与手段来研究信息科学与技术。概括而言，它主要是研究信息获取、信息传输、信息处理、信息存储等。

一、信息获取技术

一切生物都要随时获取外部信息才能生存。人类主要通过眼、耳、鼻等来获取外界信息，并利用大脑对信息进行加工、分析和处理，而后做出反应。电子信息科学技术的最高目标是能制造出和人类一样的机器：能感知外部环境，能自主进行思维分析并做出判断，能根据判断对外部环境做出反应，即采取适当行动。

目前，在信息获取技术方面研究比较深入的是语音信息和图像信息的获取。

（一）获取语音信息

获取语音信息有多种方法，除了前面提到的早期的留声机采用直接记录声波引起的机械振动的方法之外，其大量采用的方法是将声音转换成电信号，这类转换器统称为拾音器。拾音器实际上是一种声音传感器，如固定电话和移动电话中的送话器、会场扩音系统中的麦克风等。按声波转换成电信号机理的不同，拾音器大致有两类器件，一类采用压电晶体（或者压电陶瓷），另一类采用动感线圈。

压电陶瓷的物理特性是：当瓷体受压时，产生电，可通过瓷片两边的金属膜将电信号引出；如果在瓷片两边加电压信号，那么瓷片会产生与电压信号相同的振动。这种拾音器的优点包括结构简单、价格相对较低、对低频响应较好等。但是，它的缺点包括对高频响应较差、容易受到电磁干扰的影响、需要良好的屏蔽措施以防止外部噪声干扰等。动感线圈的工作原理是线圈切割磁力线而产生电压。这种拾音器的优点包括对高频响应较好、可以使用压电效应等不同原理进行声音拾取、可以将声音转化为数字信号进行传输和处理等。但是，它的缺点包括需要外部电源进行工作、价格相对较高、对低频响应较差等。

（二）获取图像信息

图像信息的获取应用十分广泛，如照相机、摄像机、视频会议、远程医疗、实时监控、机器人视觉、地球资源遥感等。要获取图像，首先要有摄像头。摄像头分为光电扫描摄像头和半导体电荷耦合器件（Charge Coupled Device，CCD）摄像头两大类，早期常用光电扫描摄像管，现在几乎全部采用 CCD，其区别在于摄像管中的感光器件。

1．光电扫描摄像头的工作原理

以光电扫描摄像管为例，它由感光靶面、光学镜头和电子束扫描控制（偏转线圈）系统等组成。光的强弱不同，感光靶面上相应感光点上的电压强度就不同，各感光点上的电压信号由摄像管产生的电子束扫描靶面获取。从左至右扫描一条线，称之为一“行”，扫描完整靶面一次为一“场”，这就是早期光电扫描摄像头的工作原理。扫描的快慢根据应用要求的不同而不同，在模拟电视系统中是每秒扫描 50 场，每场扫描 625 行。如果是资源卫星中的图像遥感，则扫描频率慢得多。彩色图像是红、绿、蓝 3 种颜色图像的合成，因而要有红、绿、蓝 3 个摄像头分别摄像才能合成彩色图像。

2. 半导体 CCD 摄像头的工作原理

半导体 CCD 摄像头用电荷耦合器件代替了光电摄像管的靶面，用数字信号处理（Digital Signal Process，DSP）控制芯片代替了光电摄像管中的电子束扫描系统。一个 CCD 元件构成一个像素点，目前 CCD 已经能够做到 1 450 万个像素点。DSP 芯片比电子束扫描的控制精度高得多，且消耗功率很小。目前，CCD 几乎应用到了所有的图像传感器领域。

每一个 CCD 单元都由电荷感应、控制和传递 3 个小单元构成，电荷的多少由光的强弱决定，各单元的电荷依次按行在控制单元的控制下传递出去，按行、场的规律排列就组成了一幅图像。

可以制造出对不同光线敏感的 CCD 器件用作不同用途，如红外成像和微波遥感等。红外成像应用十分广泛，如医疗、温度检测、夜视仪、工业控制、森林防火等；微波遥感可用于资源卫星探物、探矿等。

（三）获取物理参数信息

工业控制中往往需要测量被控制对象的物理参数，如温度、压力、张力、变形、流量（液体或气体）、流速等，而这些都是通过传感器实现的。一般地，传感器需要将被测参数的变化变成电参数的变化才能进行测量。

二、信息传输技术

信息传输技术是电子信息科学技术中的一个重要方面。信息传输的另一个常用技术名词叫作通信。

（一）通信系统的模型

将不同的实际通信系统抽象化，具体如下：

（1）信源：消息的来源，即由它产生消息。根据消息与信息的含义，可以认为信源是指客观世界，包括人类社会和宇宙。信息是由信源发出的。

（2）发送设备：多个功能分设备的总称，包括信息获取、信号数字化、信号处理、编码和调制等。

（3）信道：信号经过的通道，如大气空间、电线或海水等。

（4）接收设备：完成发送设备对消息所进行的相反变换（如解码、解调等），最后还原出所传送的消息。

（5）接收者：可以是人，也可以是机器。

（6）干扰源：信号在传输过程中可能引入的各种干扰，如设备内部噪声和外来干扰等。

（二）通信系统的类型

有多种划分通信系统类型的方法，如按信道类型划分，可以将通信系统划分为有线通信与无线通信。固定电话、闭路电视、光纤传输等属于有线通信，移动电话、卫星通信、广播电视、大气激光通信等属于无线通信。

无线通信可以工作在不同的频率。中波广播工作的频率是 535~1 605 kHz，广播电视工作的频率是 49~863 MHz，移动通信工作的频率是 450~2 300 MHz（在与电视重叠的频率部分，二者须错开，即已分配给电视的频段，移动通信就不能使用）。频率不同，无线通信设备的性能指标会不同，因而各个频段安排的用途也不同。

三、信息处理技术

（一）信号处理与信息处理

信号通常是指代表消息的物理量，如电信号、光信号等，它们是由消息经变换后得到的。在通信中，通常采用的信号有两类：一类是模拟信号，另一类是数字信号。信号由多个参数决定，如信号幅值、频率、持续时间等（光信号同样有这些参数）。信号的每个参数都可以由消息确定，如果消息是无失真变换成的信号，这时消息中的信息就转移到了信号中，因而此时的信号序列已经含有信息，这一信号序列已成为信息的载体。除了人脑可以直接对信息进行加工处理之外，机器只能通过对载有信息的信号序列的处理才能实现对信息的处理。

1. 信号处理

信号处理是针对信号中的某一参数所进行的运算，如编码、滤波、插值、去噪和变换等。在处理过程中，系统并未考虑信号参数所代表的信息含义。因此，信号处理的系统模型可表示为“信号→信号”模型，即输入的是信号参数，输出的仍然是信号参数，它无法感知信号参数所代表的信息内容和信号处理后的效果。例如，手机在传送语音时，首先获取的是模拟语音波形，而后将模拟语音波形变成数字信号，接着将数字信号每 20 ms 切割为一段，并分析这 20 ms 的语音波形参数，然后将这一组波形参数编码为新的数字信号。

在上述处理过程中，系统只是机械地根据信号进行操作，从一组参数变成了另一组参数，并不顾及信号中的信息，即使是在分割信号流时正好将语音的一个音节切成两半，也并无影响。因此，手机对语音所进行的上述处理应属于信号处理。信号处理的目的和设计要求并非服从或者服务于信息本身。上述手机对语音所进行的处理就是服从于通信系统对语音数据速率的限制，因而它不惜损伤语音信息本身。

2. 信息处理

信息处理有两类模型：一类是“信号→信息”，另一类是“信息→信息”。信息处理往往要通过对信号中代表信息的相应信号参数的处理来实现。信息处理与信号处理的区别主要是引入了对信号参数的理解，因而它对信号参数的处理目的是服从于信息本身，如要求图像清晰度高、音质好等。信息处理主要包括信息参数提取、增强，信息分类与识别等。信息处理模块的设计与评价以其输出信息的指标作为依据。

数字电视属于第一类信息处理，它输入信号，输出图像。在数字电视机中对信号进行的处理都是为了获得好的图像。语言翻译机属于第二类信息处理，系统中对语音信号进行的处理（如编码、语音参数提取、语音识别、语义分析、语音合成等）都是以语音信息的质量指标为前提。信息处理输出的是信息（即语音、文字和图像），信息处理系统中对信号进行处理的目的是获得所需要的信息参量指标，这和信号处理中的“信号→信号”模型是不同的，因而将其表示为“信号→信息”模型。

（二）汉字识别

汉字识别分为印刷体汉字识别和手写体汉字识别。印刷体汉字识别已成熟，困难的是手写体汉字识别，因为个人的写字风格不同，行草程度不同，所以难以保证识别准确度。

手写体汉字识别又分为联机手写体汉字识别和脱机手写体汉字识别。联机手写体汉字识别是利用与识别系统（专用计算机或者专用汉字识别器等）相连的专用输入设备（如写字板、光笔等）写入单个汉字，待机器识别该汉字后再输入下一个汉字。这一技术已经较为成熟，目前大部分手机都有此项功能。脱机手写体汉字识别是将文件、单据上的手写体汉字以照片或者扫描的方式输入识别系统，由系统完成对汉字的识别。

在脱机手写体汉字识别系统中又分为特定人和非特定人。非特定人手写体汉字识别是最困难的，但是经过持续多年的研究，当前该项技术也已接近实用程度。

（三）语音信息处理

语音信息处理包括语音识别与语音合成两方面。目前，语音信息处理技术的研究已取得惊人的进展，已有成熟的语音识别与语音合成芯片，不但在机器人中采用，而且已应用在智能玩具中，制造出了能听懂人说话和能说话的玩具，市场前景十分广阔。

1．语音识别

语音识别的第一步是将模拟语音波形数字化；第二步是从数字语音信号中提取语音参数，在这一步中要采用多种数字语音信号处理技术，如线性预测编码（Linear Predictive Coding，LPC）分析、全极点数字滤波、离散傅里叶变换、反变换、求倒谱系数等；第三步是建立语音的声学模型和语音模型；第四步是根据语音参数搜索和匹配语音模型与声学模型，最后识别出语音。这其中还有很多技术细节问题需要考虑，例如，由于汉语有很多同音字，因此需要利用语义分析、“联想”等人工智能策略。

2．语音合成

如果说语音识别是将语音通过数字语音处理变为文本文件，那么可以说语音合成是语音识别的逆过程，是将文本文件转换成语音。采用语音合成技术可以生产出能朗读图书、报纸的机器等。

（四）图像信息处理

语音信号是一维时间函数，而图像信号是二维的；语音信号的处理只是对数字序列进行运算，而图像信号的处理是对一个平面的数据（矩阵）进行运算。因此，图像信号处理的运算量比语音要大得多。图像信息处理的内容很多，包括图像去噪、增强、变换、边沿提取，以及图像分割、图像识别和图像理解等。

图像信息处理有着广泛的应用，如视频通信、网络电视、监控、人脸识别、机器人视觉、导弹自动寻敌、目标识别、地球资源勘探等。

四、信息存储技术

信息存储在电子信息学科领域应划入计算机科学的范畴，下面介绍应用最广的电子信息存储技术。

（一）磁存储器

磁存储器的主要设备是硬盘，它是计算机的外部设备。计算机将数据通过磁头变成磁的信号形式刻录在硬盘磁体上。记录在硬盘上的数据可以擦除后重写。硬盘的尺寸有多种规格，最小的硬盘直径只有 1.3 cm，可以直接插在摄像机内作为数字图像的大容量存储器。

（二）光存储器

光存储是计算机将数据通过激光头记录在小型激光唱盘（CD）上。CD 盘片有一次写入型 CD 盘片和多次擦写型 CD 盘片。

盘片性能差别较大，目前较好的蓝光高密度数字通用光碟（Digital Versatile Disc，DVD）盘片可将数据保存 70 年，一张 DVD 盘片上可存入的数据量是 4.7~8.3 GB。

（三）半导体移动存储器

半导体移动存储器也称为闪存，是电擦除可编程只读存储器（EEPROM）的一种，配上不同的接口电路就可得到不同形式的产品。通用串行总线（Universal Serial Bus，USB）移动存储器是闪存配上 USB 接口，配上 9 针接口电路的称为安全数码（Secure Digital，SD）卡。SD 卡的外形固定为 24 mm × 32 mm × 2.1 mm，与 USB 移动存储器相比存取速度更快。

目前，USB 移动存储器使用最广，其次是 SD 卡，它们已取代计算机的软盘，成为使用极广的一种移动存储器。记忆棒、CF 卡通常使用在其他一些电子设备中，如照相机等。

（四）纳米存储器

目前，光存储器的存储单元尺寸在微米级水平，而正在发展中的纳米存储器的存储单元尺寸在纳米级水平，因而如果采用纳米存储技术，在相同几何单元内的信息存储容量将提高 100 万倍。用一个比较形象的比喻就是：一个大型图书馆中的所有资料，可以轻松地存放到一个不到 2 cm^2 的纳米存储器单元内。目前正在研究的纳米存储器有多种，如分子存储器、全息存储器、纳米管随机存取存储器（Random Access Memory，RAM）、微设备存储器、聚合体存储器等。

第三节　电子学的重要发明及应用

随着人们对电的认识的不断深化，各种有用的发明不断涌现。1837 年，画家出身的美国人莫尔斯发明了电报。

1866 年，德国工程师西门子发现了电动原理并将其用在了发电机的改进上。电在各方面的应用日益广泛（如照明、电解电镀、电力拖动等），迫切需要更方便地获取电能，以提高效率、降低成本。1882 年，直流高压输电试验成功，同年在发明变压器的基础上又实现了远距离交流高压输电。从此，电气化时代开始了。

1875 年，另一项伟大发明在波士顿诞生了，即美国科学家贝尔发明的电话。贝尔凭借对电流作用敏感的认识和不懈的努力，达到了通过导线互相通话的目的。经过不断改进，到 1878 年，他实现了从波士顿到纽约 200 mile（1 mile≈1.61 km）之间的首次长途通话。

1879 年，美国科学家爱迪生发明了钨丝电灯，用电照亮了千家万户。

1894 年，意大利的马可尼和俄国的波波夫分别发明了无线电。马可尼利用赫兹的火花振荡器作为发射器，通过电键的开、闭产生断续的电磁波信号。1895 年，他发射的信号传送距离可达 1 km 以上。1897 年，他发射的信号可在 20 km 之外接收到，从此开始了无线电通信的时代。

英国科学家汤姆逊在 1895—1897 年间反复测试，证明了电子的存在。随后，英国科学家弗莱明在爱迪生发明的热二极管的基础上发明了实用的真空二极管。此类二极管具有单向导电特性，能用来整流或检波。1906 年，美国发明家德·弗雷斯特发明了真空三极管，对微弱电信号有放大作用。1914 年，德·弗雷斯特用真空三极管又构成了振荡电路，使无线电通信系统更加先进。电真空器件的发明大大推进了电子工程的发展。

1925 年，英国的贝尔德首先发明了电视。几乎在同时，美国无线电公司（RCA）工程师诺基发明了电视显像管。1933 年，他利用真空二极管、真空三极管和显像管，发明了电视机。1936 年，黑白电视机正式问世。

1946 年，第一台电子计算机在美国宾西法尼亚大学莫尔电子工程学院研制成功。这台叫作 ENIAC 的计算机占地约 165 m^2，使用了 18 000 只真空电子管，重 30 t，每秒可运算 5 000 次，这在当时是史无前例的。虽然今天的计算机已发展到了第五代，速度可达每秒几十万亿次，然而第一台计算机仍是划时代的。

人类的生产实践和科学试验是不断发展和变化的，永远不会停止在一个水平上。

1947 年 12 月 24 日，贝尔实验室的布喇顿、巴丁和肖克利发明了一种点接触晶体管。这是一种全新的半导体器件，体积小、电性能稳定、功耗低。这项发明自从 1948 年公布于世起，很快就应用于通信、电视、计算机等领域，促进了电气和电子工程技术的飞速发展。从 1948 年起，固态电子学的时代便向我们走来。

从 20 世纪 50 年代末期开始，进入了微电子学时代。1958 年，利用单晶硅材料，世界上第一片集成电路（Integrated Circuit，IC）在美国得克萨斯州诞生。1961 年，福查德公司生产出了第一片商用 IC。到了 20 世纪 60 年代末，在大约 1/4 in（1 in＝2.54 cm）见方的小硅片上可以集成 6 800 个晶体管和数千个其他元件。从 20 世纪 70 年代起，集成电路技术飞速发展，各种大规模集成电路和超大规模集成电路层出不穷。集成电路由于成本低、尺寸小、可靠性高、电性能优良等优点获得广泛应用，从而引起了工业系统、通信系统、控制系统、计算机系统、测量系统、生物医学系统的革命性发展。

关于电的理论和电子技术的发展，单就经典阶段和现代阶段而言，前后经历了约 2 000 年，特别是最近的 1 000 年，其理论成果和发明创造几乎呈指数律增长。电子科学的应用已经遍及计算机、通信、生物、海洋、航天和商业等各个领域。

第二章 计算机科学与网络技术

第一节 计算机的发展及其工作原理

一、计算机及其发展

（一）计算机的主要特点

一般地，计算机具有如下特点：

第一，自动运行程序，实现操作自动化。利用计算机解决问题时，启动计算机并输入编制好的程序后，计算机可以自动执行，一般不需要人直接干预运算、处理和控制过程，可实现操作的自动化，这是计算机最突出的特点。

第二，运算速度快。计算机的运算速度是计算机的一个重要性能指标，通常用每秒执行定点加法的次数或平均每秒执行指令的条数来衡量。巨型计算机的运算速度已达到每秒千万亿次，微型计算机也可达每秒亿次以上，这使得大量复杂的科学计算问题得以解决。例如，卫星轨道的计算、大型水坝的计算、24 h 天气预报的计算等，过去人工计算需要几年甚至几十年，而现在用计算机只需几天甚至几分钟就可以完成。

第三，精确度高。计算机计算精度高，其数字位数可根据实际需要进行取舍。

第四，具有记忆（存储）能力。计算机能“记忆”信息，或者说存储信息。现在的计算机，能把一套 900 万字的百科全书存入一张光盘中，把一年的报纸内容存储在一个闪存盘中。

第五，具有逻辑判断能力。计算机具有逻辑判断和推理能力，不仅能计算数值数据，也能处理非数值数据，使计算机能广泛应用于非数值数据处理领域，如检索信息、驾驶飞机和汽车、辅助学习、诊治疾病、语言翻译、处理文件、识别图像、控制机器人等。

（二）计算机的类型划分

计算机从 1946 年诞生并发展到今天，种类繁多，可以从不同的角度对计算机进行划分。

1. 依据信息表示形式和处理方式进行分类

计算机处理的信息，在机内可用离散量或连续量两种不同的形式表示。离散量又称断续量，即用二进制数字表示的量（如用断续的电脉冲来表示数字 0 或 1）。连续量则用连续变化的物理量（如电压的振幅等）表示被运算量的大小。可以用一个通俗的比喻来大致说明离散量和连续量的含义：在传统的计算工具中，用算盘运算时，是用一个个分离的算珠来代表被运算的数值，算珠可以看成是离散量；而用计算尺运算时，是通过拉动尺片，用计算尺上连续变化的长度来代表数值的大小，这便是连续量。

根据计算机信息表示形式和处理方式的不同，可将其分为以下三大类：

（1）数字计算机。数字计算机内部的信息用数字“0”和“1”来表示，精度高、存储量大、通用性强。人们通常所说的计算机就是指数字计算机。

（2）模拟计算机。模拟计算机是用连续变化的模拟量来表示信息，计算精度较低，所有的处理过程均需模拟电路来实现，电路结构复杂，抗外界干扰能力差。美国贝尔实验室于 1947 年研制出了第一台全电子直流模拟计算机。1959 年，我国天津市电子仪器厂研制出了具有非线性部件的模拟计算机，并投入小批量生产，该机可解 12 阶线性和非线性微分方程；后又试制成东风 12 型模拟计算机，可解 6 阶线性和非线性微分方程，这是中国最早进行批量生产的模拟计算机。

（3）混合计算机。混合计算机既能处理数字量，又能处理模拟量。我国于 20 世纪 60 年代中期，先后研制出多种型号的混合计算机，如 M-2、M-6 等大型混合计算机，就是这一时期的成果。

2. 依据计算机的用途进行分类

根据计算机用途的不同，可将其分为以下两大类：

（1）通用计算机。通用计算机用途广泛、功能齐全，可适用于各个领域，一般的数字计算机多属此类。

（2）专用计算机。专用计算机是为某一特定用途而设计的计算机。它的硬件和软件的配置依据解决特定问题的需要而定，如工厂使用的工控机、超市使用的收银机等。

3. 依据计算机的规模与性能进行分类

计算机按其规模、速度和功能可分为巨型计算机、大型计算机、小型计算机、微型计算机和工作站 5 种类型。这些类型之间的基本区别通常在于体积大小、结构复杂性、功率消耗、性能指标、数据存储容量、指令系统、软件配置等方面的不同。

（1）巨型计算机。巨型计算机（又称超级计算机）是运行速度最快、处理信息量最大、容纳用户最多、价格最高的一种计算机。巨型计算机可以执行非常复杂的计算，并且能够完成复杂数据的综合分析，一般用于求解复杂的科学计算问题。例如，计算并绘制洲际弹道导弹的运行轨迹、进行中长期天气预报、实现卫星及飞船的空间导航等。

（2）大型计算机。大型计算机在规模上不及巨型计算机，但也有很高的运算速度、很大的存储容量和很强的数据处理能力，一般用于大型企业和一般的科研部门，以及需要进行大量数据处理、存储和管理的其他部门和机构。

（3）小型计算机。小型计算机规模较小、成本较低、维护容易且用途广泛，既可以用于科学计算，又可以用于数据处理，适合中小型企业、单位采用。

（4）微型计算机。微型计算机又称个人计算机（Personal Computer，PC），包括台式计算机和笔记本式计算机。它有体积小、功耗小、成本低等优点，且性能价格比明显高于其他类型计算机，因而得到了广泛应用。

（5）工作站。工作站是一种高档的微型计算机，介于小型计算机和 PC 之间。工作站和 PC 的主要区别在于工作站通常配有高分辨率的大屏幕显示器、很大容量的内存储器和外存储器，并且具有较强的信息处理功能、高性能的图形图像功能和联网功能，特别适合于计算机辅助设计（Computer Aided Design，CAD）、计算机辅助制造（Computer Aided Manufacturing，CAM）和办公自动化。这里讲的工作站和网络系统中的工作站有些区别，网络系统中的工作站可以是通常的 PC，而这里描述的工作站则具有比普通 PC 更高一级的计算机配置。

（三）计算机的应用领域

目前计算机的应用已渗透到社会的各行各业，改变着传统的工作、学习和生活方式，推动着社会的发展。计算机的主要应用领域有以下几个方面。

1. 科学计算

科学计算是指利用计算机来完成科学研究和工程技术中提出的数学问

题的计算。现代科学技术工作中存在着大量且复杂的科学计算问题。利用计算机的高速计算、大存储容量和连续运算的能力，可以实现人工无法解决的各种科学计算问题。例如，建筑设计中为了确定构件尺寸，通过弹性力学导出了一系列的复杂方程，长期以来由于计算方法跟不上而一直无法求解，而计算机不但能求解这类方程，并且引起了弹性理论上的一次突破，出现了有限单元法。

2．数据处理

数据处理是指对各种数据进行收集、存储、整理、分类、统计、加工、利用、传播等一系列活动的统称。目前，数据处理已广泛地应用于办公自动化、企事业计算机辅助管理与决策、情报检索、图书管理、电影电视动画设计、会计电算化等各个行业。

3．计算机辅助技术

计算机辅助技术包括计算机辅助设计（CAD）、计算机辅助制造（CAM）和计算机辅助教学（Computer Aided Instruction，CAI）等。

（1）计算机辅助设计。计算机辅助设计是指利用计算机系统辅助设计人员进行工程或产品设计，以实现最佳设计效果的一种技术。它已广泛地应用于飞机、汽车、机械、电子、建筑和轻工等领域。例如，在建筑设计过程中，可以利用CAD技术进行力学计算、结构计算以及绘制建筑图纸等，这样不但提高了设计速度，而且可以大大提高设计质量。

（2）计算机辅助制造。计算机辅助制造是利用计算机系统进行生产设备的管理、控制和操作的过程。例如，在产品的制造过程中，由计算机控制机器的运行，处理生产过程中所需的数据，控制和处理材料的流动以及对产品进行检测等。使用CAM技术可以提高产品质量、降低成本、缩短生产周期、提高生产率且改善劳动条件。

将CAD和CAM技术集成，可以实现设计生产自动化，这种技术被称为计算机集成制造系统（Computer Integrated Manufacturing System，CIMS）。它的实现将真正做到无人化工厂（或车间）。

（3）计算机辅助教学。计算机辅助教学是在计算机辅助下进行的各种教学活动。CAI可以为学生提供一个良好的个人化学习环境。它综合应用多媒体、超文本、人工智能、网络通信和知识库等计算机技术，克服了传统教学情景方式单一、片面的缺点，可以有效地缩短学习时间、提高教学质量和教学效率，实现最优化的教学目的。

4．过程控制

过程控制是指利用计算机及时采集检测数据，按最佳值迅速地对控制对象进行自动调节或自动控制。采用计算机进行过程控制，不仅可以大大提高控制的自动化水平，而且可以提高控制的及时性和准确性。例如，在汽车工业方面，利用计算机控制机床，控制整个装配流水线，不仅可以实现精度要求高、形状复杂的零件的加工自动化，而且可以使整个车间或工厂实现自动化。

5．多媒体技术应用

随着通信和计算机技术的发展，人们已经有能力把文本、音频、视频、动画、图形和图像等各种媒体综合起来，构成一种全新的概念——多媒体。在医疗、教育、商业、银行、保险、行政管理、军事、工业、广播、交流和出版等领域，多媒体的应用发展得很快。

6．人工智能

人工智能（Artificial Intelligence，AI）是利用计算机模拟人类的智能活动，如感知、判断、理解、学习、问题求解和图像识别等。现在人工智能的研究已取得不少成果，有些已开始走向实用阶段。例如，模拟高水平医学专家进行疾病诊疗的专家系统、具有一定思维能力的智能机器人等。

7．网络应用

随着信息高速公路计划的提出和实施，互联网迅猛发展起来，它将当今世界带入了以网络为核心的信息时代。目前计算机网络发展呈现出高速互连、智能与更广泛的应用的特点，如今的计算机应用系统实际上是一个网络环境下的计算系统。

（四）计算思维及其发展

1．计算

计算不仅是基础的数学技能，而且是整个自然科学的工具。广义的计算不仅包括数学计算、逻辑推理、数理统计、问题求解、图形图像的变换、网络安全、代数系统理论、上下文表示感知与推理、智能空间等，甚至包括程序设计、机器人设计、建筑设计等设计问题。

随着计算机日益广泛而深刻的运用，计算这个原本专门的数学概念已经泛化到了人类的整个知识领域，并上升为一种极为普适的科学概念和哲学概念，成为人们认识事物、研究问题的一种新视角、新观念和新方法。

传统的科学方法一般是指科学实验和逻辑演绎，而现在认为计算是第三种科学方法。计算作为一种相对独立的方法出现在科学研究之中，天文学家发现海王星就是一个典型的实例而且成为一种典型的科学方法。海王星不是直接通过观测发现的，而是数学计算的结果。

新的计算模式，主要包括以下几种：

（1）普适计算。随着计算机及相关技术的发展，通信能力和计算能力的获得变得越来越容易，其相应的设备所占用的体积也越来越小，各种新形态的传感器、计算/联网设备蓬勃发展。同时，由于对生产效率、生活质量的不懈追求，人们希望能随时、随地、无困难地享用计算能力和信息服务，由此引发了计算模式的新变革，这就是计算模式的第 3 个时代——普适计算时代。

在普适计算的模式中，人们能够在任何的时间、任何的地点以任何方式访问到所需要的信息。普适计算是信息空间与物理空间的融合。在这个融合的空间中，人们可以随时随地、透明地获得数字化服务。

“随时随地”是指人们在工作和生活的现场就可以获得服务，而不需要离开现场去使用专门的计算机，即像空气一样无所不在。

“透明”是指获得这种服务时不需要花费很多精力，即这种服务的访问方式是十分自然的，甚至是用户本身注意不到的。

普适计算将计算机融入人们的生活，形成一个“无时不在、无处不在、不可见”的计算环境。在这种环境下，所有具备计算能力的设备都可以联网，通过标准的接口提供公开的服务，设备之间可以在没有人的干预下自动交换信息，协同工作，为终端用户提供服务。

（2）网格计算。网格计算是伴随着互联网技术而迅速发展起来的，是专门针对复杂科学计算的新型计算模式。这种计算模式是利用互联网把分散在不同地理位置的计算机组织成一个“虚拟的超级计算机”，其中每一台参与计算的计算机就是一个“结点”，而整个计算是由成千上万个“结点”组成的“一张网格”，所以这种计算方式称为网格计算。这样组织起来的“虚拟的超级计算机”有两个优势：①数据处理能力超强；②能充分利用网上的闲置处理能力。简单地讲，网格就是把整个网络整合成一台巨大的超级计算机，实现计算资源、存储资源、数据资源、信息资源、知识资源、专家资源的全面共享。

网格计算研究的是如何把一个需要巨大的计算能力才能解决的问题分成许多小的部分，然后把这些部分分配给许多低性能的计算机来处理，最后把这些计算结果综合起来从而攻克难题。

（3）云计算。计算模式大约每 15 年就会发生一次变革。至今，计算模式经历了主机计算、个人计算、网格计算，现在云计算也被普遍认为是计算模式的一个新阶段。20 世纪 60 年代中期是大型计算机的成熟时期，这时的主机-终端模式是集中计算，一切计算资源都集中在主机上；1981 年，IBM 推出个人计算机（PC）用于家庭、办公室和学校，推进信息技术发展进入 PC 时代，此时的计算模式变成了分散计算，主要计算资源分散在各个 PC 上；1995 年，随着浏览器的成熟以及互联网时代的来临，使分散的 PC 连接在一起，部分计算资源虽然还分布在 PC 上，但已经越来越多地集中到互联网；直到 2010 年，云计算概念的兴起实现了更高程度的集中，它可将分布在世界范围内的计算资源整合为一个虚拟的统一资源，实现按需服务、按量计费，使计算资源的利用犹如使用电力和自来水般快捷和方便。

云计算的核心思想是将大量用网络连接的计算资源进行统一管理和调度，从而构成一个计算资源池向用户按需服务，提供资源的网络被称为“云”。“云”中的资源在使用者看来是可以无限扩展的，并且可以随时获取、随时扩展、按需使用、按需付费。

继个人计算机变革、互联网变革之后，云计算被看作第 3 次信息技术浪潮，意味着计算能力也可以作为一种商品通过互联网进行流通。

2. 思维

思维是一种复杂的高级认识活动，是人脑对客观现实进行间接的、概括的反映过程，它可以揭露事物的本质属性和内部规律。经过人的思维加工，就能够更深刻、更完全、更正确地认识客观事物。一切科学概念、定理、法则、法规、法律都是通过思维概括出来的，思维是一种高级认识过程，包括理论思维、实验思维、计算思维三种类型。

（1）理论思维。理论思维又称推理思维，以推理和演绎为特征，以数学学科为代表。理论思维支撑着所有的学科领域，正如数学一样，定义是理论思维的灵魂，定理和证明是理论思维的精髓，公理化方法是最重要的理论思维方法。

（2）实验思维。实验思维又称实证思维，以观察和总结自然规律为特征，以物理学科为代表。实验思维的先驱是意大利科学家伽利略，他被人们誉为“近代科学之父”。与理论思维不同，实验思维往往需要借助于某些特定的设备，并用它们来获取数据以供后续分析。

（3）计算思维。计算思维又称构造思维，以设计和构造为特征，以计算机学科为代表。计算思维运用计算机科学的基础概念进行问题求解、系统设计等工作。

3. 计算思维的特性与本质

国际上广泛认同的计算思维的定义来自周以真教授：计算思维是运用计算机科学的基础概念去求解问题、设计系统以及理解人类行为等涵盖计算机科学之广度的一系列思维活动。

计算思维融合了数学思维、工程思维和科学思维。它如同所有人都具备的“读、写、算”能力一样，是必须具备的思维能力。

计算思维本身并不是新的东西，长期以来都在被不同领域的人们自觉或不自觉地采用。我们现在所处的时代，称为“大数据”时代，人类社会方方面面的活动从来没有像现在这样被充分地数字化和网络化。换言之，对于任何现实的活动，都伴随着相应数据的产生。数据成为现实活动所留下的“痕迹”。现实活动难以重演，但数据分析可以反复进行。对数据的分析研究实质上就是计算，这就是计算思维的用武之地。

（1）计算思维的特性。计算思维虽然具有计算机的许多特征，但是计算思维本身并不专属于计算机。实际上，即使没有计算机，计算思维也会逐步发展，甚至有些内容与计算机并没有关系。但是，正是由于计算机的出现，给计算思维的发展带来了根本性的变化。计算思维有如下特征：

第一，计算思维是概念化，不是程序化。计算思维不是计算机编程，而是要求能够在抽象的层次上进行思维活动，用计算思维的概念去思考、解决问题。

第二，计算思维是根本的技能，不是刻板的技能。计算思维是一种根本的技能，是每一个人在现代社会中所必须掌握的。刻板的技能意味着简单的机械重复，计算思维是灵活的、具有创造性的思维。

第三，计算思维是人类的，不是计算机的思维。计算思维是指导人类求解问题的一条途径，但决非要使人类像计算机那样思考。计算机只能机械地执行预先存储的指令，而人类的思维是千变万化的。

第四，计算思维是思想，不是人造物。计算思维是一种思想，不是工厂的产品，重要的是用计算的概念进行问题求解、对日常生活进行管理，以及与他人进行交流和互动。

第五，计算思维是数学思维和工程思维的互补与融合。计算机科学在本质上源自数学思维，它的形式化基础建于数学之上。计算机科学又从本质上源自工程思维，因为我们建造的是能够与实际世界互动的系统。因此，计算思维是数学思维和工程思维的互补与融合。

第六，计算思维面向所有的人、所有的地方。当计算思维真正融入人类活动的整体时，它作为一个解决问题的有效方法，人人都应当掌握，处处都会使用的到。

（2）计算思维的本质。抽象和自动化是计算思维的本质。计算思维中的抽象完全超越物理的时空观，并完全用符号来表示。与数学和物理科学相比，计算思维中的抽象显得更为丰富，也更为复杂。

计算思维通过约简、嵌入、转化和仿真等方法，把一个困难的问题表示为求解它的算法，可以通过计算机自动执行，所以具有自动化的本质。

4．计算思维的方法及发展

（1）计算思维的方法。计算思维是每个人的基本技能，不只属于计算机科学家。因此每个学生在培养解析能力时不仅应掌握阅读、写作和算术（3R），还要学会计算思维，用计算思维方法对问题进行求解。

计算思维的方法很多，具体可以总结为以下几种类型：

第一，计算思维通过约简、嵌入、转化和仿真等方法，把一个困难的问题重新阐释成一个如何求解它的问题。

第二，计算思维是一种递归思维，是一种并行处理，是一种把代码译成数据又能把数据译成代码的方法。

第三，计算思维是一种采用抽象和分解的方法来控制庞杂的任务或进行巨型复杂系统设计的方法，是基于关注分离的方法。。

第四，计算思维选择合适的方式对一个问题的相关方面进行建模，使其易于处理，在不必理解每一个细节的情况下就能够安全地使用、调整和影响一个大型复杂系统。

第五，计算思维采用预防、保护及通过冗余、容错、纠错的方法，从最坏情形进行系统恢复。

第六，计算思维是一种利用启发式推理来寻求解答的方法，即在不确定情况下进行规划、学习和调度。

第七，计算思维是一种利用海量数据来加快计算，在时间和空间之间，在处理能力和存储容量之间进行折中处理的方法。

（2）计算思维的发展。计算思维不是今天才有的，它早就存在于中国的古代数学之中，只不过周以真教授使之清晰化和系统化了。当一个问题能够在算盘上解算的时候，这个问题就是可解的，这就是中国的“算法化”思想。随着以计算机科学为基础的信息技术的迅猛发展，计算思维的作用日益凸显，计算思维的力量正在随着计算机速度的快速增长而被加速地放大。

计算思维在许多学科中有着越来越深刻的影响。例如，计算生物学正在改变着生物学家的思考方式，计算博弈理论正在改变着经济学家的思考方式，纳米计算正在改变着化学家的思考方式，量子计算正在改变着物理学家的思考方式。融合多学科方法，通过计算思维对计算概念、方法、模型算法、工具与系统等的改进和创新，可使科学与工程领域产生新理解、新模式，从而可以创造出革命性的研究成果。

计算思维代表着人们的一种普遍的认识和一类普适的能力，不仅是计算机科学家，而是每一个人都应该用心地学习和运用它，用计算思维方法去思考和解决问题。

（五）计算机技术的发展

1．计算机技术的发展历程

（1）第一代计算机的发展（1946—1957 年）。第一代计算机的主要特征是逻辑器件使用了电子管，用穿孔卡片机作为数据和指令的输入设备，用磁鼓或磁带作为外存储器，使用机器语言编程。1949 年发明了可以存储程序的计算机，这些计算机使用机器语言编程，可以存储信息和自动处理信息，存储和处理信息的方法开始发生革命性的变化。

第一代计算机体积较大、运算速度较慢、存储容量较小、可靠性较低，主要用于科学计算。即便如此，第一代计算机却奠定了计算机的技术基础，其代表机型有 ENIAC、IBM650（小型机）、IBM709（大型机）等。

（2）第二代计算机的发展（1958—1964 年）。第二代计算机的主要特征是使用晶体管代替电子管，内存储器采用了磁芯体，引入了变址寄存器和浮点运算部件，利用 I/O 处理机提高了输入/输出能力。在软件方面，配置了子程序库和批处理管理程序，并且推出了 FORTRAN、COBOL、ALGOL 等高级程序设计语言及相应的编译程序，降低了程序设计的复杂性。

第二代计算机除了应用于科学计算外，还开始应用在数据处理和工业控制等方面，其代表机型有 IBM7090、IBM7094、CDC7600 等。

（3）第三代计算机的发展（1965—1972 年）。第三代计算机的主要特征是用半导体中、小规模集成电路作为元器件代替晶体管等分立元件，用半导体存储器代替磁芯存储器，使用微程序设计技术简化处理机的结构，使得计算机的体积和耗电量显著减小，而计算速度和存储容量却有较大的提高，可靠性也大大加强。在软件方面则广泛地引入多道程序、并行处理、虚拟存储系统和功能完备的操作系统，同时还提供了大量的面向用户的应用程序。计算机开始走向标准化、模块化、系列化。此外，计算机的应用进入许多科学技术领域，其代表机型有 IBM360 系列、富士通 F230 系列等。

（4）第四代计算机的发展（1972—至今）。第四代计算机的主要特征是使用了大规模和超大规模集成电路，使计算机沿着两个方向飞速向前发展：一方面，利用大规模集成电路制造多种逻辑芯片，组装出大型、巨型计算机，推动了许多新兴学科的发展；另一方面，利用大规模集成电路技术将运算器、控制器等部件集成在一个很小的集成电路芯片上，从而出现了微处理器。完善的系统软件、丰富的系统开发工具和商品化应用程序的大量涌现，以及通信技术和计算机网络的飞速发展，使得计算机进入了一个快速发展的阶段。

现在很多国家正在研制新一代计算机，新一代计算机将是微电子技术、光学技术、超导技术、电子仿生技术等多学科相结合的产物，能进行知识处理、自动编程、测试和排错，以及用自然语言、图形、声音和各种文字进行输入和输出。新一代计算机的研究目标是打破计算机现有的体系结构，使得计算机能够具有像人那样的思维、推理和判断能力。已经实现的非传统计算技术有超导计算、量子计算、生物计算、光计算等。未来的计算机可能是超导计算机、量子计算机、生物计算机、光计算机、纳米计算机或 DNA 计算机等。

2. 我国计算机技术的发展

（1）第一代电子管计算机的研制。1957 年，我国开始研制通用数字电子计算机，1958 年 8 月 1 日该机研制成功，标志着我国第一台电子计算机的诞生。为纪念这个日子，该机定名为八一型数字电子计算机。该机器最初在北京有线电厂（国营 738 厂）开始小批量生产，改名为 103 型计算机（即 DJS-1 型），共生产了 38 台。

1958 年 5 月，我国开始第一台大型通用电子计算机（104 机）的研制。以苏联当时正在研制的一款计算机为蓝本，在苏联专家的指导和帮助下，科研人员与 738 厂密切配合，于 1959 年国庆节前完成了研制任务。

在研制 104 机的同时，中国科学院的科研小组首次自主设计并于 1960 年 4 月研制成功一台小型通用电子计算机，即 107 机。

1964 年，我国第一台自主设计的大型通用数字电子管计算机——119 机研制成功，平均浮点运算速度达到 5 万次/秒。

（2）第二代晶体管计算机的研制。1965 年，我国成功研制了第一台大型晶体管计算机（109 乙机）。随后，对 109 乙机加以改进，2 年后又推出了 109 丙机，为用户运行了 15 年，有效算题时间在 10 万小时以上，在我国两弹实验中发挥了重要的作用，被用户誉为“功勋机”。

同时，北京华北计算技术研究所先后研制成功 108 机、108 乙机（DJS-6）、121 机（DJS-21）和 320 机（DJS-6），并在 738 厂等 5 家工厂生产。哈尔滨军事工程学院（国防科技大学前身）于 1965 年 2 月成功推出了 441 B 晶体管计算机并小批量生产了 40 多台。

（3）第三代基于中、小规模集成电路的计算机的研制。我国于 20 世纪 70 年代初期陆续推出了大、中、小型集成电路计算机。1973 年，北京大学与北京有线电厂等单位合作研制成功运算速度为 100 万次/秒的大型通用计算机。进入 20 世纪 80 年代，我国高速计算机，特别是向量计算机有了新的发展。1983 年，中国科学院计算技术研究所研制了我国第一台大型向量机（757 机），计算速度达到了 1 000 万次/秒。同年，国防科技大学研制的银河-I 巨型计算机，是我国高速计算机研制的一个重要里程碑。

（4）第四代基于超大规模集成电路的计算机的研制。与国外一样，我国第四代的计算机研制也是从微型计算机开始的。20 世纪 80 年代初，我国很多单位也开始采用 Z80、X86 和 M6800 芯片研制微型计算机。1983 年 12 月，电子部六所研制成功与 IBM PC 机兼容的 DJS-0520 微型计算机。

从 20 世纪 90 年代初开始，国际上采用主流的微处理机芯片研制高性能并行计算机已成为一种发展趋势。1992 年，国防科技大学成功研制了银河-Ⅱ通用并行巨型机，峰值速度达 4 亿次/秒浮点运算（相当于 10 亿次/

秒基本运算操作），总体上达到20世纪80年代中后期国际先进水平。1993年，国家智能计算机研究开发中心成功研制了曙光一号全对称共享存储多处理机。1995年，该中心又推出了中国第一台具有大规模并行处理机结构的并行机曙光1000（含36个处理机），峰值速度为25亿次/秒浮点运算，实际运算速度达到了10亿次/秒浮点运算。1997年，国防科技大学成功研制了银河-Ⅲ百亿次并行巨型计算机系统，采用可扩展分布共享存储并行处理体系结构，由130多个处理结点组成，峰值性能为130亿次/秒浮点运算，系统综合技术指标达到了20世纪90年代中期国际先进水平。

国家智能计算机研究开发中心与曙光公司于1997—1999年先后在市场上推出了具有机群结构的曙光1000A、曙光2000-I、曙光2000-II超级服务器，峰值计算速度已经突破1 000亿次/秒浮点运算，机器规模已超160个处理机。2000年推出了浮点运算速度为3 000亿次/秒的曙光3000超级服务器。2011年推出了浮点运算速度为1 271万亿次/秒的曙光6000超级服务器。

2013年6月17日，国际超级计算机TOP500组织在德国正式发布了世界大型超级计算机TOP500排行榜，第一名为我国国防科技大学研制的天河二号超级计算机系统。

目前，由国家超级计算天津中心同国防科技大学联合开展的“天河三号”原型机已正式上线投入使用。原型样机的研制将为进一步研发自主芯片、自主操作系统、自主运行计算环境的全自主的新一代百亿亿次超级计算机打下基础。百亿亿次超级计算机提升的不仅仅是计算能力，更重要的是在计算密度、单块计算芯片计算能力、内部数据通信速率等技术上，全面得到极大提升。

3．计算机技术的发展趋势

计算机技术是世界上发展最快的科学技术之一，其产品不断升级换代。当前计算机正朝着巨型化、微型化、智能化、网络化等方向发展，计算机本身的性能越来越优越，应用范围也越来越广泛，从而使计算机成了工作、学习和生活中必不可少的工具。未来计算机技术发展的趋势如下：

（1）多极化。如今，个人计算机已遍布全球，但由于计算机应用的不断深入，对巨型机、大型机的需求也稳步增长，巨型机、大型机、小型机、微型机各有自己的应用领域，形成了一种多极化的形势。例如，巨型计算机主要应用于天文、气象、地质、核反应、航天飞机和卫星轨道计算等尖端科学技术领域和国防事业领域，它标志着一个国家计算机技术的发展水平。

（2）智能化。智能化使计算机具有模拟人的感觉和思维过程的能力，使计算机成为智能计算机。这也是目前正在研制的新一代计算机要实现的目标。智能化的研究包括模式识别、图像识别、自然语言的生成和理解、博弈、定理自动证明、自动程序设计、专家系统、学习系统和智能机器人等。

（3）网络化。网络化是计算机发展的又一个重要趋势。从单机走向联网是计算机应用发展的必然结果。所谓计算机网络化，是指用现代通信技术和计算机技术把分布在不同地点的计算机互联起来，组成一个规模大、功能强、可以互相通信的网络结构。网络化的目的是使网络中的软件、硬件和数据等资源能被网络上的用户共享。目前，大到世界范围的通信网，小到实验室内部的局域网已经非常普及，因特网已经连接包括我国在内的多个国家和地区。由于计算机网络实现了多种资源的共享和处理，提高了资源的使用效率，因而深受广大用户的欢迎，得到了越来越广泛的应用。

（4）多媒体化。多媒体计算机是当前计算机领域中最引人注目的高新技术之一。多媒体计算机就是利用计算机技术、通信技术和大众传播技术来综合处理多种媒体信息的计算机。这些信息包括文本、视频、图形图像、声音、文字等。多媒体技术使多种信息建立了有机联系，并集成为一个具有人机交互性的系统。

二、计算机的工作原理

最早的计算机 ENIAC 并没有程序存储控制的概念，它最大的缺点是程序与计算分离。ENIAC 将指挥近 2 万个电子管“开关”工作的程序指令存放在机器的外部电路里。在计算某个题目前，需人工接通数百条线路，像电话接线员那样工作几小时，才能进行几分钟的运算。

1946 年，冯·诺依曼提出了程序存储式电子数字自动计算机的方案。在 ENIAC 尚未投入运行前，冯·诺依曼就已开始对这台电子计算机进行全面的改造。经过 10 个月的时间，冯·诺依曼迅速把概念变成了方案，新机器方案命名为“离散变量自动电子计算机”（EDVAC）。

冯·诺依曼明确提出计算机由五大部件组成，即运算器、控制器、存储器、输入设备和输出设备，并描述了五大部件的功能和相互关系。与 ENIAC 相比，EDVAC 的改进首先在于冯·诺依曼巧妙地想出了“存储程序，由程序控制”的办法。程序也被他当作数据存进了机器内部，以便计算机能自动地一条接着一条地依次执行指令，再也不必去接通线路。其次，他明确提出这种机器必须采用二进制数制，以充分发挥电子器件的工作特点，使结构紧凑且更通用化。人们后来把按这一方案思想设计的机器统称为冯·诺依曼体系结构计算机。

“存储程序控制”原理又称为“冯·诺依曼原理”。该原理确立了现代计算机的基本组成及工作方式，工作过程可分为以下 4 个步骤：

第 1 步：将程序和数据通过输入设备送入存储器。

第 2 步：启动运行后，计算机从存储器中取出程序指令送到控制器进行处理，分析该指令要做什么事。

第 3 步：控制器根据指令的含义发出相应的命令，如加法、减法等，将存储单元中存放的操作数据取出送往运算器进行运算，再把运算结果送回存储器指定的单元中。

第 4 步：当运算任务完成后，将结果通过输出设备输出。

第二节　计算机网络互联与传输设备

一、计算机网络互联

（一）计算机网络互联的基本内涵

在以传输控制协议/互联网协议（TCP/IP）模型构建的互联网中，网络层实现了众多的功能。网络层实现的功能可以分为四类：①实现异构物理网络的互联；②完成互联网中从源主机到目的主机的数据传输；③数据传输最佳路径的选择；④在路由器上实现的其他功能。在 TCP/IP 模型中，TCP 和 IP 两个协议由于其巨大的作用而纳入模型的名字之中。

网络互联是将不同类型的物理网络连接在一起构成一个统一的网络。网络互联可以解决网络长度的物理限制，将异地的网络连接起来，实现更广泛的资源共享。网络互联手段还可以使人们在建立物理网络时，限制网络中计算机的数量和网络覆盖范围，提高单个网络效率，降低网络管理难度。

（二）计算机网络互联的主要方法

不同物理网络之间可能存在巨大的差异，实现不同物理网络的互联，不仅要实现物理上的互联互通，还要实现逻辑上的相互认可。实现资源共享的基本要求是：一个网络的数据单元能够在其他网络中自由传输，并且为另一个网络中的计算机所使用。因此，要求不同网络使用的数据单元格式一致。只有格式一致，此网络的数据单元才能在彼网络中被识别、被利用。但不同物理网络存在的巨大差异使得这一要求难以满足，例如，点到点协议（PPP）和以太网协议就分别规定了各自的数据帧格式，在数据链路层难以实现格式一致的要求。

其实，两个采用了相同网络模型［例如都采用了开放系统互联（Open System Interconnection，OSI）模型或 TCP/IP 模型］的不同物理网络，就具备了相同的网络模型层次。只要在一个层次选用相同的协议，就具备了相同的数据格式（数据单元的格式是由协议规定的），两个物理网络在该层次上得到统一，一个网络在该层次向另一个网络传输的数据单元能够被对方所识别与处理。至于在两个网络内部其他层次以何种协议、何种方式处理数据，已经不影响网络互联了，换言之，网络在接收来自另一个网络的数据单元后，可以按照本网络的要求处理该数据单元。例如，一个以太网在网络层收到来自另一个网络的数据包后，按照本网络的要求，在数据链路层将该数据包作为数据字段封装成以太网数据帧，就可以在本网络中传输、处理以及使用该数据包。事实上，采用了 TCP/IP 模型的互联网，就是通过 IP 协议在网络层将所有的物理网络统一起来的。

（三）计算机网络互联的基本层次

如果两个物理网络在某个层次中的数据形式或格式相同或者能够相互识别，它们就能通过该层实现互联。例如，两个 10Base-T 的以太网，由于它们采用了相同的总线和网卡，那么它们内部表示比特流的电信号形式是完全一致的。一个集线器通过将它们的总线直接相连实现电信号的互通，也就实现了两个网络在物理层的互联。因为源主机物理层发出的电信号通过集线器连接的两段总线（都是双绞线）传输到目的主机的物理层，由于目的主机物理层能够识别这种电信号，因而能够从中提取出比特数据，到达目的主机后每层协议再剥掉相应的首部，最终能够将源进程发出的数据交给目的进程。

如果两个以太网，一个以铜线为总线，另一个以光纤为总线，则两个网络在物理层下的信号形式完全不同，不能用集线器将它们的总线直接互联。它们都是以太网，数据帧格式相同，可以用网桥在数据链路层将它们互联。网桥在数据链路层转发数据帧，至于数据帧中的二进制数据是转化成电信号还是光信号，则由两个网络的物理层决定。

如果两个网络的数据帧格式也不相同，网桥也不能完成网络互联。但数据帧格式差别再大，它们都有一个数据字段，只要该字段包含的数据包格式相同，就能够在网络层中将它们互联。互联网对连入的计算机或通信设备的最基本要求就是采用 TCP/IP 协议，这样，连入互联网的所有计算机就在网络层数据格式与处理方式上得到了统一。因此，连入互联网的各种网络，不管彼此之间差异有多大，都能在网络层实现互联。IP 协议是 TCP/IP 协议体系中最重要的两个协议之一，它与地址解析协议、逆向地址解析协议和差错控制报文协议等共同规范网络层的数据交换格式和过程。通过 IP 协议，可以将许多计算机网络互联起来。

综上所述，网络互联可在各个层次进行，不同层次有不同的要求：①物理层互联，要求两个网络使用的设备兼容，控制、数据信号相同；②数据链路层互联，要求两个网络使用的协议和帧格式相同；③网络层互联，要求两个网络使用的协议和数据包格式相同；④高层互联，针对两个完全不同的网络，使用的协议不同。

根据网络互联层次，可以选择不同网络连接设备。物理层互联设备，主要有中继器和集线器。中继器为了对抗信号衰减将一个物理网络中的信号放大以后，转发到另一个物理网络中使其继续传播。在用集线器扩展局域网时，集线器将几个物理网段的总线直接连接起来，这就要求几个物理网段用来表达比特数据的信号格式是一致的，即物理层互联的网段必须采用相同的物理层协议。数据链路层的互联设备是网桥，它是根据需要将数据帧从一个网段转发到另一个网段，这就要求网桥互联的网段具有相同的数据帧结构，也就是在数据链路层采用相同的协议。网络层互联设备称为路由器，它要求互联的物理网络都遵守 IP 协议，以 IP 协议规定的方式进行数据处理和传输。在网络层以上各层间进行的互联一般统称为高层互联，实现高层互联的设备统称为网关或应用网关，主要作用是协议翻译。

在物理层和数据链路层进行的网络互联只能称为局域网扩展。首先，集线器和网桥连接的都是同类型的物理网络；其次，集线器和网桥连接起来的网络只是一个扩大了的局域网，在它们中的各种主机都具有相同的网络号。“网络互联”这个词特指不同类型的物理网络相连，主要由路由器作为连接设备。

互联起来的网络可以看成一个整体，称为虚拟互联网络，即逻辑上可以彼此异构，物理上设备差距巨大，但从网络层来看好像是一个整体，计算机通过这个网络连接起来。

（四）计算机网络互联的构成组件

路由器是互联网的标准组件，它可以实现网络之间的连接。如果网络号不同，则认为两个网络是不同的网络，而两个不同网络的连接，需要依靠路由器作为连接枢纽。路由器系统构成了互联网的主体脉络，是通信子网中的交换节点，路由器构成了互联网的骨架。

一个网络可以通过路由器与其他各种类型的大小网络相连，互联网本身就是这样通过逐步互联，发展成为今天覆盖全球的最大计算机网络。当前网络发展主要的瓶颈之一就是路由器的处理速度，而路由器的可靠性又会对网络的连接质量产生直接影响。因此，在园区网、地区网，乃至整个互联网研究领域中，路由器技术始终处于核心地位，其发展历程和方向成为整个互联网研究的一个缩影。

路由器是两个相连网络的共同边界，更是两个相连网络的内部成员。路由器的一个端口连接着一个网络的总线，该端口拥有一个属于该网络的 IP 地址。由于它是网络的内部成员，能够像网络中的其他工作站一样广播和接收数据帧，又由于它也是另一个网络的内部成员，当它发现一个端口收到的数据帧所包含的数据包需要发给另一个网络时，就会将数据包封装成另一个网络的数据帧，通过连接端口向该网络以广播的形式转发数据帧。由于一台路由器同时是多个网络的内部成员，所以它必须同时运行各个网络所采用的协议。

路由器是连接两个相邻网络的交换节点，反过来，一个网络也是连接两个路由器的链路。如果这个网络足够简单，两个路由器之间没有其他起连接作用的节点，则这两个路由器还构成了相邻节点。如果两个距离遥远的网络相连，可以通过通信链路直接将两个网络边界上的路由器连在一起，此链路是一个特殊的直联网，与特殊直联网相连的端口不需要 IP 地址。

路由器与网桥十分类似，都有处理器和内存（很多重要节点实际上是一台高档计算机），都用端口与每个网络相连，都根据表信息做出是否转发的决定。路由器与网桥的区别主要集中于以下方面：

第一，路由器工作于网络层，实现网络级互联；网桥工作于链路层，连接不同局域网。

第二，路由器构成的互联网络可以存在回路；网桥构成的互联网络如果存在回路，有可能形成“广播风暴”，因此必须努力避免网络形成回路，这在实践中是十分困难的。

第三，它们在安全策略、实现技术、性能、价格方面均有所不同。

第四，由网桥扩展的局域网仍然属于一个局域网，它们具有相同的网络号；由路由器连接的网络往往是不同的物理网络，它们有各自的网络号。

（五）计算机网络互联的网络协议

IP 是互联网协议（Internet Protocol）的简称，它具有良好的网络互联功能，原因就在于它规范了 IP 地址和数据包格式，为不同物理网络的互联建立了一个统一的平台。换言之，各个网络为了能够互联，都运行 IP 协议，因而它们都能识别 IP 协议所规定的 IP 地址和数据包格式，都采用 IP 协议规定的方法处理 IP 地址和数据包。

1．IP 地址

IP 地址是互联网中为每个网络连接（网卡）分配的一个在全世界范围内的唯一标识。IP 地址长度为 32 b，由网络号、主机号组成，为了方便记忆，将 32 b 分成 4 个字节，每个字节用一个十进制数表示，十进制数之间用圆点分割，它是 IP 地址的十进制表示，如 172.16.122.204。

（1）IP 地址的类型。按 32 位 IP 地址基本格式的第一个字节的前几位，将 IP 地址分为 A、B、C、D 和 E 5 类地址。A、B、C 类地址为单目传送地址，用来分配给计算机使用，既可以作为源地址标识发送数据的源主机，也可以作为目的地址标识接收数据的目的主机；D 类地址为组播地址，用于在一个组内进行广播，即一个 IP 地址标识多台目的主机，只能作为目的地址；E 类地址为保留地址，以备特殊用途。

（2）特殊的 IP 地址。有几类地址不能分配给具体的计算机，它们有自己特殊的作用。路由器会按照以下地址的特殊作用进行路径选择：

第一，广播地址。主机地址部分全为“1”的地址是广播地址，将向指定网络的所有主机发送数据。IP 地址全为“1”的地址（255.255.255.255）是有线广播地址，将向本网络的所有主机发送数据。

第二，零地址。主机号为“0”的 IP 地址表示该网络本身，是一个网络号。网络号为“0”的 IP 地址表示本网络上的某台主机。全“0”地址“0.0.0.0”代表本主机。

第三，回送地址。任何一个以数字“127”开头的 IP 地址都叫作回送地址。当程序用回送地址作为目的地址时，计算机上的协议软件不会把该数据报向网络上发送，而是把数据直接返回给本主机，便于网络程序员测试软件。

可见，网络号和主机号为全“0”、全“1”的地址都是特殊地址，都不能用来分配给网络或计算机。

（3）子网与掩码。在一个网络内部，如果主机数量太多，会导致整个网络管理复杂，效率降低，速度下降。可以将一个网络划分成若干小规模的网络，称为子网络（或子网）。子网络效率更高，更好管理。子网掩码用来在主机号空间划分子网，它用主机号的若干个高位作为子网号，作为新编的子网编号。对于一个子网来说，网络号加子网号构成了本子网的网络号。与 IP 地址对应，子网掩码有 32 位数字。通过掩码可以把 IP 地址中的主机号再分为两部分：子网号和主机号。掩码中为“1”的位相对应的部分为子网号，为“0”的位则表示的是主机号。网络划分后必须由子网掩码对外宣布，外界路由器将把各个子网作为独立网络进行处理。

路由器在寻址过程中需要根据情况，使用 IP 地址中的子网络号或主机号。IP 地址和子网掩码进行“与”运算，可以得到该接口所在网络的子网号，而把地址和掩码的反码进行“与”运算，即可得到主机地址。

（4）IP 地址的分配。IP 地址作为一种资源由网络管理机构提供给网络建设单位。网络管理机构以一组连续的地址块分配 IP 地址，网络建设单位可以根据自己网络中计算机的最大数量购买一个网络号，从而得到该网络号中所有连续的 IP 地址。网络建设单位还可以通过设计子网掩码的方式，将 IP 地址分配给二级单位。二级网络管理员可以将一个 IP 分配给用户，也可以让所有用户共同使用这些地址，在这种方式下，上网的计算机可以由系统临时分配一个空闲的 IP 地址。

一个用户如果得到一个 IP 地址，需要将该地址绑定在网卡上，一个网卡通常有一个接口连接电缆，它是网络的物理接口。一个 IP 地址表示一个网络连接，是一个网络接口。一台主机可以插入多个网卡，所以可以有多个物理接口；一个网卡可以绑定多个 IP 地址，所以可以有多个网络接口，也就是说，一台计算机理论上可以有多个 IP 地址。

（5）IP 报文的格式。IP 协议规定了网络层所传输的数据包格式。数据包由 IP 报文头和数据两部分组成，其中，数据部分是传输层所交付的要传递的数据，报文头是网络层为传递数据所加的各种控制信息，又称为数据包首部。IP 报文头的前 20 个字节是报文头不可缺少的基本部分，又称为固定首部；固定首部后面可以有若干个选项。IP 报文头大小是以 4 B 为单位计数，且随着任选项的多少而变化。填充项紧接在任选项后面，填充若干个比特位，以保证 IP 报文头的长度是 4 B 的整数倍。

2. 数据包

（1）数据传输服务。在通信子网中，网络层是最高层。在资源子网中，网络层的上层是传输层，网络层为传输层提供从源主机到目的主机的数据包传输服务。一般意义上，计算机网络的网络层可以提供两种服务供传输层选择。这两种服务是面向连接的虚电路服务和无连接的 IP 数据报服务。

第一，虚电路服务。面向连接服务作为一种数据传输技术可以用在系统的各个层次，虚电路服务是特指在网络层使用的面向连接服务，过程是源主机先发送一个通信连接请求（虚呼叫）数据包，寻找并逐一记录所通过的一系列路由器，构成一条通往目的主机的最优路径；目的主机返回同一通信数据包，包中含有记录了整个路径的路由信息表，然后在源主机与目的主机之间建立一条连接通路，也就是虚电路；在这条通路上，所有后续数据包按照路由信息表在各个路由器之间进行传输；通信完毕后释放虚电路。

第二，IP 数据报服务。IP 数据报服务特指网络层使用的无连接服务。交换节点根据数据包首部中记录的目的 IP 地址，运用路径选择算法决定每个路段的传输路径。数据报服务适合小数据量的通信。

IP 数据报（又常被简称为“数据报”）就是数据包，因为在网络层传输的独立数据单元就是数据包。如果确实要强调两者的差异，数据包常用于描述网络层大量数据单元流动的场合，是网络层数据流中的一个个独立单元；而在讨论具体的一个数据包格式时，更多地使用 IP 数据报或数据报。

在 IP 数据报服务模式下，每个数据包作为一个独立的传输单元，所走的路径可能彼此不同，可能出现后发的数据包先到达目的地，即目的主机接收数据包的顺序与源主机的发送顺序不一致，这种错误叫作错序。正是由于每个数据包彼此无关联，IP 数据报服务也无法解决网络传输可能带来的丢失、重复等错误，是不可靠传输。

（2）数据传输技术。面向连接服务与无连接服务是数据通信的两种不同的数据传输技术，每种都各有优点和缺点。

第一，面向连接服务数据传输技术。面向连接服务的工作模式类似于电话系统，具体来讲，面向连接服务体现的特点包括 3 个方面：①想要实现数据的传输，必须要经过 3 个阶段，即连接建立、连接维护以及释放连接；②数据传输的过程中，各个交换节点按照数据包首部中记录的路由信息表向下一个交换节点传输该数据包；③传输连接，它的传输轨道就好比我们经常看到的管道，信息的发送者在管道的一端将数据放进去，接收者在管道的另一端把数据取出来，这样的方式可以保证数据包的顺序不发生变化，所以数据的传输相对可靠。

第二，无连接服务数据传输技术。无连接服务类似于邮政系统的信件投递模式，它体现出的特点主要有 3 个方面：①所有的数据包当中都包含源节点地址及目的节点地址，各个数据包由沿途的交换节点一步一步地向目的地址传输，直到到达目的主机，即使是来自一个报文的若干个数据包，它们彼此的传输过程都是相互独立的；②连接过程比较简单，不涉及连接建立过程、连接维护过程以及释放连接过程；③目的主机可能会接收乱序的数据包、重复的数据包，还可能会遇到数据包丢失的情况。无连接服务并不是可靠的，但是也有它的优势，它不需要过多的协议处理过程，所以操作起来简单，能够获得更高的通信效率。

二、计算机网络传输设备

（一）计算机网络介质设备

传输介质是计算机网络最基础的通信设施，是连接网络上各个节点的物理通道。传输介质可以分为两类：有线介质和无线介质。有线介质包括同轴电缆、双绞线和光纤，无线介质包括无线电波、微波、红外线、卫星通信等。

1．同轴电缆

（1）同轴电缆的结构。同轴电缆由内导体铜芯、绝缘层、外导体屏蔽层和塑料保护层组成，联网时还需要使用专用的连接器件。

（2）同轴电缆的型号。

1）RG-8 或 RG-11：匹配阻抗为 50，用于 10Base-5 以太网，又叫作粗缆网。

2）RG-58A/U：匹配阻抗为 50，用于 10Base-2 以太网，又叫作细缆网。

3）RG-59/U：匹配阻抗为 75，用于 ARCnet（早期的一种令牌总线型网络）和有线电视网。

4）RG-62A/U：匹配阻抗为 93，用于 ARCnet。

（3）同轴电缆的形式。

1）基带同轴电缆。其屏蔽线是用铜做成的，呈网状，它的特性阻抗数值是 50，适合传输数字信号。

2）带宽同轴电缆。它是铝箔缠绕构成的，它的特性阻抗数值是 75 或者 93，适合传输模拟信号。

在局域网络中，最常使用的是特性阻抗为 50 的基带同轴电缆，数据传输率为 10 Mb/s。

（4）同轴电缆的主要特性。根据同轴电缆直径的大小，50 Ω的基带同轴电缆又可分为细缆（RG-8 和 RG-11）和粗缆（RG-58）两种。

粗缆的连接距离较长，在使用中继器的情况下，粗缆的最大传输距离可达 2 500 m（单段最远传输距离为 500 m，最多 5 段）。因为安装的过程中电缆可以不用切断，所以可以按照实际需求对计算机的入网位置做出灵活的调整，但是粗缆网络也有一定的缺点，即它的使用需要收发器和收发器电缆，因此它的安装造价比较高、整体难度比较大。

细缆连接距离较短，在使用中继器的情况下，细缆的最大传输距离可达 925 m（单段最远传输距离为 185 m）。它的安装步骤相对简单，而且造价低廉，但是它的安装需要把电缆切断，并且需要在电缆的两端装上基本网络连接头，通过基本网络连接头去连接 T 形连接器的两端。但是，如果使用了过多数量的接头，那么可能会埋下接头接触不良的隐患，这些隐患往往会触发细缆以太网的运行故障。

无论是粗缆，还是细缆，与之连接的网络都属于总线拓扑结构，也就是说多台计算机同时连接在一根线缆上，但是，这种结构有它的弊端，如果发生了连接点故障，那么这个故障会影响到整根电缆上的多台计算机，后续的故障修复工作将会非常烦琐，因此这种结构慢慢地被双绞线以及光缆所替代。

2．双绞线

（1）双绞线的结构。双绞线指的是由两根外部包裹着橡胶外皮的绝缘铜线结合在一起组成的线缆。

（2）双绞线的分类。按照有无屏蔽层，双绞线可以分成两种不同的形式：一是屏蔽双绞线（Shielded Twisted Pair，STP），二是非屏蔽双绞线（Unshielded Twisted Pair，UTP）。屏蔽双绞线因为有屏蔽层，所以造价高、安装复杂，只在特殊情况（电磁干扰严重或防止信号向外辐射）下才使用；非屏蔽双绞线无金属屏蔽材料，只有一层绝缘胶皮包裹，价格相对便宜，安装维护容易，所以得到了广泛使用。

（3）双绞线的特征。双绞线的特征有：①通常情况下传输距离不会超过 100 m；②双绞线类型不同，传输速度也会不同；③容易弯曲，质量比较轻，价格比较低廉，容易维护；④可以最大程度降低串扰，甚至将其消除，有非常强的抗干扰能力；⑤有阻燃性；⑥适合结构化的综合布线。

（4）双绞线的接线方式。常用的五类双绞线有 4 对线，8 种颜色，分别是橙色、橙白色、绿色、绿白色、蓝色、蓝白色、棕色、棕白色，每种颜色的线都与对应的相间色的线绕在一起。从传输特性上看，8 条线没有区别，连接计算机网络时，只需要 4 根线即可，而使用哪 4 根线、如何连接，电子工业协会（Electronic Industries Association，EIA）[后与其他组织合并形成电信工业协会（TIA）] 对此做出了规定，即 EIA/TIA 568A 和 EIA/TIA 568B 标准，简称 T568A 和 T568B 标准。这两个标准规定，联网时使用橙色、橙白色、绿色、绿白色两对线，将它们连接在 RJ-45 接头的 1、2、3、6 这 4 个线槽上，其他 4 根线可以在结构化布线时用于连接电话等设备。

3．光纤

光纤是网络传输介质中传输性能最好的一种介质，大型网络系统的主干网都使用光纤作为传输介质。光纤也是发展最迅速、最有前途的传输介质。

（1）光纤的结构。光纤的横截面是圆形的，它主要由纤芯、包层和涂覆层构成，纤芯和包层这两部分介质的光学性能是有差异的。纤芯的构成材料是多层反射玻璃纤维，它可以让光线反射到纤芯上，实用的光缆外部还需有加固纤维（尼龙丝或钢丝）和聚氯乙烯（PVC）保护外皮，用以提供必要的抗拉强度，以防止光纤受外界温度、弯曲、外拉等影响而折断。

（2）光纤的传输原理。首先，在发送端通过发光二极管把电信号变成光信号；然后，在接收端部分使用光电二极管把光信号再转换成电信号。

（3）光纤的类型。光纤分为单模光纤和多模光纤两种类型。单模光纤纤芯直径小于 10 μm，只传输单一频率的光，光信号沿轴路径直线传输，速率高，可达几百吉字节，用红外激光管做光源，传输距离远，达数十千米，成本高。多模光纤纤芯直径为 50 ~ 62.5 μm，可以传输多种频率的光，光信号在光纤壁之间波浪式反射，多频率（多色光）共存，用发光二极管做光源，传输距离近，约 2 km，损耗大，成本低。

（4）光纤的特征。

1）具有较大的信道带宽，有比较快的传输速率，一般情况下可以达到 1 000 Mb/s。

2）能够进行远距离的传输。一般情况下，单段的单模光纤传输的距离可以达到几十千米，单段的多模光纤传输的距离可以达到几千米。

3）有较强的抗干扰能力，能够进行更高质量的传输，在光纤当中传输的是光信号，所以信号的传输不会受到外部电磁场的影响。

4）保密性能比较好，受到的信号串扰比较小。

5）质量非常轻、体积小，比较容易运输和安装。

6）一般情况下，使用塑料和玻璃来制作光纤，所以它的材料来源非常广泛，对环境的污染比较小。

4．无线传输介质

无线传输是利用大气层和外层空间传输电磁信号，地球上的大气层为大部分无线传输提供物理通道，即常说的无线传输介质。无线传输所使用的频段较为广泛，目前主要的无线传输介质有无线电波、微波、卫星和红外线。

（1）无线电波通信。无线电波是指频率范围在 3 kHz~1 GHz 的电磁波。

无线电波主要用于无线电广播和电视节目以及手提电话通信，也可用于传输计算机数据。

（2）地面微波通信。地面微波一般使用 4~28 GHz 频率范围，采用定向式抛物面天线收发信号。由于微波信号具有极强的方向性，直线传播，遇到阻挡则会被反射或被阻断，因此要求与其他地点之间的通路没有障碍或视线能及。但是，地球是圆的，当距离超过 50 km 时，进行传输就需要单独设置中继站，当遇到山脉的阻隔时，也需要设置中继站，中继站的作用是把信号放大。

（3）卫星通信。卫星通信是微波通信的一种，微波会利用卫星作为中继站，实现不同地面之间的信号连接。卫星通信最大的特点是覆盖范围广，多个地面之间可以实现无缝隙覆盖。之所以能够覆盖如此广泛，是因为它停留在几百米、几千米甚至是几万米的卫星轨道上，覆盖范围相比于其他通信系统广。因此，卫星通信可广泛应用于视频、电话、数据等远程传输情景当中。

（4）红外线通信。红外线通信指依赖红外线作为信息传输手段的一种通信方式。具体来讲，红外线通信的传输方式可以分成以下两类：

1）点对点的方式。这种方式的优势在于通过衰减得到有效控制，不利于侦听，但是在实施过程中，红外线的发射器和接收器之间不能存在物体阻隔。

2）广播方式。这种方式的特点是信号面向一个相对较大的区域，区域内的接收器都可以接收到信号。

（二）计算机网络连接设备

1．集线器

（1）集线器及其作用。集线器是将网络中的站点连接在一起的网络设备。在局域网上，每个站点都需要通过某种介质连接到网络上，在使用双绞线联网时，由于 RJ-45 接头的特殊性，使得要将多个工作站连接在一起必须通过一个中心设备。这样的中心设备称为集线器或集中器。由于大多数集线器都有信号再生或放大作用，且有多个端口，所以集线器也被称为多端口中继器。

（2）集线器的分类。按照集线器提供的端口数进行划分，目前主流集线器主要有 8 口、16 口和 24 口等；按照集线器所支持的带宽，通常可分为

10 Mb/s、100 Mb/s、10/100 Mb/s 自适应 3 种。

（3）集线器的工作原理。以普通共享式以太网集线器为例，探讨集线器的工作原理。从网络体系结构上看，集线器工作在物理层，只能机械地接收比特流，经过信号再生后，将比特流转发出去。集线器不能够识别源地址和目的地址，没有地址过滤功能，所以当集线器收到比特流时，为了使比特流能够传送到目的站点，需要采用广播方式，即从一个端口接收数据向除入口之外的所有端口广播。

从内部结构看，集线器只有一条背板总线，集线器上所有端口都挂接在这条总线上，一个站点传输数据时，需要独占整个总线的带宽，其他站点只能处于接收状态。如果多个站点发送数据，需要通过竞争方法，获得介质访问权利。这种竞争方式使得集线器的每个端口获得的实际带宽只有集线器总带宽的 1/N（N 为集线器端口数量）。

以一台 8 口 100 Mb/s 的集线器为例，假设每个端口上的站点发送数据的机会是均等的，由于背板总线被 8 个站点轮流占用，某站点发送数据时独享 100 Mb/s 带宽，而在其他站点发送数据时，其所占带宽为零。因此，在一个发送周期内，每个端口获得的平均带宽只有 12.5 Mb/s。

当局域网站点众多，一个集线器端口不能将所有站点连入网络时，可以采用集线器级联方法。有些集线器有级联口（UPLink 口），可以用直连线一端连一个集线器的级联口，另一端连接另一个集线器的普通端口；如果集线器没有级联口，可以用交叉线连接两个集线器的普通口。集线器级联后，相当于增加了集线器的端口数量，降低了每个端口的平均速率，在扩大广播范围的同时，也扩大了冲突范围。

2. 调制解调器

（1）调制解调器及其作用。调制解调器是电话拨号和因特网之间进行连接使用的硬件设备。一般情况下，计算机会使用数字信号传播信号，电话线会使用模拟信号传播信号。两种信号的不同，导致两者进行信号传输时需要使用调制解调器。当计算机发来信息时，调制解调器会将计算机的数字信号变成电话线接受的模拟信号；当电话线需要传输信号时，调制解调器则会将电话线中的模拟信号变成计算机可以使用的数字信号。

（2）调制解调器的分类。调制解调器有外置式和内置式两种。外置式调制解调器放置于机箱外，有比较美观的外包装；内置式调制解调器是一块印制电路板卡，在安装时需要拆开机箱，插在主板上，较为烦琐，还有

USB 接口的调制解调器。

3．网卡

网卡又叫网络接口卡或网络适配器，是组建网络必不可少的设备，每台联网计算机至少要有一块网卡。网卡一端有与计算机总线结构相适应的接口；从另一端体系结构角度来看，在 OSI 参考模型中，主机应该具有 7 层结构，网卡为 OSI 参考模型提供物理层的服务功能以及数据链路层的服务功能，它的存在使得计算机可以进行通信，能让计算机完成低层通信协议。除此之外，网卡还会给计算机提供地址，让计算机具有网络唯一标识，该地址叫作物理地址或 MAC 地址。网卡有许多种类型，由于以太网是当前市场的主流产品，所以本书后续结合以太网卡介绍网卡的基础知识。

第三节　计算机网络信息安全技术分析

一、计算机密码技术

密码学是研究如何把信息转换成一种隐秘的方式，阻止非授权的人得到它或利用它。随着计算机技术的发展和网络技术的普及，密码学在军事、商业和其他领域的应用越来越广泛。

（一）计算机密码的类型

按不同的标准，密码技术有很多种分类，具体如下。

1．按执行的操作划分

按照执行的操作方式的不同，计算机密码可以分为替换密码和换位密码。

2．按加密的方式划分

按照对明文消息加密方式的不同，计算机密码又可分为以下两种方式：一种是对明文消息按字符逐位地加密，称为流密码或序列密码；另一种是将明文消息分组（含有多个字符），逐组地进行加密，称为分组密码。

（二）计算机密码的体制

根据密钥的特点，计算机密码又可以分为对称密码和非对称密码。

1．对称密码体制

对称密码体制也称单密钥体制、共享密码算法或私钥密码体制，其特点是加密和解密所用的密钥是一样的或相互可以导出。对称密码体制可看成保险柜，密钥就是保险柜的密码。持有密码的人就能打开保险柜取出文件，没有保险柜密码的人就必须摸索保险柜的打开方法。当用户应用这种体制时，数据的发送者和接收者必须事先通过安全渠道交换密钥，以保证发送数据和接收数据能够使用有效的密钥。对称密码体制的优点是加密数据效率高、速度快，故对称密码非常适合用于大量数据加密或实时加密（如文件加密或实时数据加密）。

（1）数据加密标准（Data Encryption Standard，DES）算法。DES 算法使用 56 位密钥对 64 位的数据块进行加密，并对 64 位的数据进行 16 轮编码，在每轮编码时都采用不同的子密钥，子密钥长度均为 48 位，由 56 位的完整密钥得出，最终得到 64 位的密文。由于 DES 算法密钥较短，所以可以通过穷举（也称为野蛮攻击）的方法在较短时间内破解。

（2）三重 DES 算法。三重 DES 算法是使用两把密钥对报文做 3 次 DES 加密，效果相当于将 DES 密钥长度加倍，克服了 DES 密钥长度较短的缺点。

（3）国际数据加密算法（International Data Encryption Algorithm，IDEA）。IDEA 密钥长度为 128 位，数据块长度为 64 位。IDEA 也是一种数据块加密算法，它设计了一系列的加密轮次，每轮加密都使用从完整的加密密钥生成一个子密钥。IDEA 属于强加密算法，至今还没有出现对 IDEA 进行有效攻击的算法。

（4）高级加密标准（Advanced Encryption Standard，AES）算法。AES 支持 128 位、192 位和 256 位 3 种密钥长度。AES 规定：数据块长度必须是 128 位，密钥长度必须是 128 位、192 位或者 256 位。与 DES 一样，它也使用替换和换位操作，并且也使用多轮迭代的策略，具体的迭代轮数取决于密钥的长度和块的长度，该算法的设计提高了安全性，也提高了速度。

（5）RC 序列算法。RC 序列算法有 6 个版本，其中 RC1 从未被公开，

RC3 在设计过程中便被破解，因此真正得到实际应用的只有 RC2、RC4、RC5 和 RC6，其中最常用的是 RC4。RC4 算法是另一种变长密钥的流加密算法。密钥长度介于 1~2 048 位。RC4 算法其实非常简单，就是 256 内的加法、置换和运算，由于简单，所以速度快，加密的速度可达到 DES 算法的 10 倍。

2．非对称密码体制

传统的对称加密系统要求通信双方共同保守一个密钥的秘密，这在网络化的电子商务中将会遇到很大的困难。解决在网络上安全传递密钥的途径是对密钥进行加密。对密钥进行加密的方法不能总是在传统加密体制内进行。古典的加密方法要求对加密的算法本身严加保护。传统的加密方法把加密算法公之于世，而只要求对密钥加以保护。使用传统的方法，加密和解密用的是同一个密钥或者是很容易互相导出的密钥，而现在，加密使用的是一个密钥，解密使的是另一个密钥，只有解密的人才知晓。

非对称密码体制又称公钥密码体制，即创建两个密钥，一个作为公钥，另外一个作为私钥由密钥拥有人保管，公钥和加密算法可以公开。用公钥加密的数据只有私钥才能解开，同样，用私钥加密的数据也只能用公钥才能解开。与对称密码体制相比，非对称密码体制有以下优点：

（1）密钥分发方便，可以用公开方式分配加密密钥。例如，因特网中的个人安全通信常将自己的公钥公布在网页中，方便其他人用它进行安全加密。

（2）密钥保管量少。网络中的数据发送方可以共享一个公开加密密钥，从而减少密钥数量，只要接收方的解密密钥保密，数据的安全性就能保证。

（3）支持数字签名。发送方可使用自己的私钥加密数据，接收方能用发送方的公钥解密，说明数据确实是发送方发送的。

（三）计算机密钥的分配

密钥管理分配是指处理密钥自产生到最终销毁的整个过程中的有关问题，包括系统的初始化以及密钥的产生、存储、备份/恢复、装入、分配、保护、更新、控制、丢失、吊销和销毁。密钥管理分配是信息安全的核心技术之一，主要适用于以下情况：

（1）适用于封闭网的技术，以传统的密钥分发中心为代表的密钥管理基础结构（Key Management Infrastructure，KMI）机制。KMI 技术假定有一个密钥分发中心来负责发放密钥。这种结构经历了从静态分发到动态分发的发展历程，目前仍然是密钥管理的主要手段，无论是静态分发还是动态分发，都是基于秘密的物理通道进行的。

（2）适用于开放网的公钥基础设施（Public Key Infrastructure，PKI）机制。PKI 技术是运用公钥的概念和技术来提供安全服务的、普遍适用的网络安全基础设施，包括由 PKI 策略、软硬件系统、认证中心、注册机构、证书签发系统和 PKI 应用等构成的安全体系。

（3）适用于规模化专用网的种子化公钥（SPK）和种子化双钥（SDK）技术。公钥和双钥的算法体制相同，在公钥体制中，密钥的一方要保密，而另一方则公布；在双钥体制中则将两个密钥都作为秘密变量。在 PKI 体制中，只能用公钥，不能用密钥。在 SPK 体制中，两者都可以实现。

1．对称密钥的分配

对于对称加密，加密双方必须共享同一密钥，而且必须保护密钥不被他人读取。此外，常常需要频繁地改变密钥来减少某个攻击者可能知道密钥带来的数据泄露。因此，密码系统的强度取决于密钥分发技术。密钥分发技术指的是传递密钥给希望交换数据的双方，且不允许其他人看见密钥的方法。

密钥分发能用很多种方法实现，对于 A 和 B 两方来说，有下列选择：

第一，A 能够选定密钥并通过物理方法传递给 B。

第二，第三方可以选定密钥并通过物理方法传递给 A 和 B。

第三，如果 A 和 B 不久之前使用过一个密钥，一方能够把使用旧密钥加密的新密钥传递给另一方。

第四，如果 A 和 B 各自有一个到达第三方 C 的加密链路，则 C 能够在加密链路上传递密钥给 A 和 B。

第一种和第二种选择要求手动传递密钥。对于链路层加密，这是合理的要求，因为每一个链路层加密设备只与此链路另一端交换数据。但是，对于端对端加密，手动传递是笨拙的。在分布式系统中，任何给出的主机或者终端都可能需要不断地和许多其他主机和终端交换数据，因此，每个设备都需要供应大量的动态密钥，在大范围的分布式系统中这个问题就更加困难。

第三种选择对链路层加密和端对端加密都是可能的，但是如果攻击者成功地获得一个密钥，那么接下来的所有密钥都暴露了。就算频繁更改链路层加密密钥，这些更改也应该手动完成。为端到端加密提供密钥，第四种选择更可取。

对于第四种选择，需要用到这两种类型的密钥：①会话密钥。当两个端系统希望通信，它们需要建立一条逻辑连接。在逻辑连接持续过程中，所用用户数据都使用一个一次性的会话密钥加密；在会话或连接结束时，会话密钥被销毁。②永久密钥。永久密钥在实体之间用于分发会话密钥。第四种选择需要一个密钥分发中心。密钥分发中心判断哪些系统允许相互通信。当两个系统被允许建立连接时，密钥分发中心就为这条连接提供一个一次性会话密钥。

2．公钥加密的分配

公钥加密的意思就是公钥是公开的。因此，如果有某种广泛接受的公钥算法，任何参与者都可以给其他参与者发送自己的密钥，或向群体广播自己的密钥。虽然这种方法非常方便，但是它也有个很大的缺点：任何人都可以伪造公共通告，即某用户可以伪装成用户 A 向其他参与者发送公钥或广播公钥，直到一段时间后用户 A 发觉了伪造并且警告其他参与者，伪造者在此之前都可以读到试图发送给 A 的加密消息，并使用假的公钥进行认证，解决这个问题的方法就是使用公钥证书。

实际上，公钥证书由公钥加上公钥所有者的用户地址以及可信的第三方签名的整个数据块组成。通常，第三方就是用户团体所信任的认证中心，用户可通过安全渠道把自己的公钥提交给这个认证中心，获取证书。然后，用户就可以发布这个证书，任何需要该用户公钥的人都可以获取这个证书，并且通过所附的可信签名验证其有效性。

二、计算机身份认证与访问控制

（一）计算机的身份认证

1．报文认证

报文认证是指在两个通信者之间建立通信联系之后，每个通信者对收到的信息进行验证，以保证所收到信息的真实性。一般情况下，这种验证过程必须确定 3 项内容：①报文是由确认的发送方产生的；②报文内容没有被修改过；③报文是否是按与发送时间相同的顺序收到的。因此，报文认证通常可以分为以下三部分：

（1）报文源（发送方）的认证。报文源的认证用于确认报文发送者的身份，可以采用多种方法实现，一般都以密码学为基础。例如，可以通过附加在报文中的加密密文来实现报文源的认证，这些加密密文是通信双方事先约定好的各自使用的通行字的加密数据，或者发送方利用自己的私钥加密报文，然后将密文发送给接收方，接收方利用发送方的公钥进行解密来鉴别发送方的身份。

（2）报文内容的认证。报文内容认证的目的是保证通信内容没有被篡改，即保证数据的完整性。这种认证通过认证码实现，这个认证码是通过对报文进行的某种运算得到的，也可以称其为校验和，它与报文内容密切相关，报文内容正确与否可以通过这个认证码来确定。

认证的一般过程为：发送方计算出报文的认证码，并将其作为报文内容的一部分与报文一起传送至接收方。接收方在检验时，利用约定的算法对报文进行计算，得到一个认证码，并与收到的发送方计算的认证码进行比较，如果相等，就认为该报文内容是正确的；否则，认为该报文在传送过程中已被改动，接收方可以拒绝接收或报警。

（3）报文时间性的认证。报文时间性认证的目的是验证报文时间和顺序的正确性，需要确保收到的报文和发送时的报文顺序一致，并且收到的报文不是重复的报文，可通过以下 3 种方法实现：①利用时间戳；②对报文进行编号；③使用预先给定的一次性通行字表，即每个报文使用一个预先确定且有序的通行字标识符来标识其顺序。

2．认证协议

身份认证是建立安全通信环境的前提条件，只有通信双方相互确认对方身份后才能通过加密等手段建立安全信道，同时它也是授权访问和审计记录等服务的基础，因此身份认证在网络信息安全中占据着十分重要的位置。这些协议在解决分布式，尤其是解决开放环境中的信息安全问题时起着非常重要的作用。

通信双方实现消息认证方法时，必须有某种约定或规则，这种约定的规范形式叫作协议。身份认证分为单向认证和双向认证。如果通信的双方需要一方被另一方鉴别身份，这样的认证过程就是一种单向认证；如果通信的双方需要互相认证对方的身份，即为双向认证。据此，认证协议主要可以分为单向认证协议和双向认证协议。

（1）单向认证协议。当不需要收发双方同时在线联系时，只需要单向认证，发送电子邮件的一方在向收件方证明自己身份的同时，即可发送数据，另一方收到后，要先验证发送方的身份，如果身份有效，就可以接收数据。

（2）双向认证协议。双向认证协议是最常用的协议，它使得通信双方互相认证对方的身份，适用于通信双方同时在线的情况，即通信双方彼此互不信任时，需要进行双向认证。双向认证需要解决保密性和即时性，为防止可能的攻击，需要保证通信的即时性。

（二）计算机的访问控制

随着信息时代的推进，信息系统安全问题逐渐凸显。计算机网络运行中，不仅要考虑抵御外界攻击，还要注重系统内部防范，防止涉密信息的泄漏。作为防止信息系统内部遭到威胁的技术手段之一，利用访问控制技术可以避免非法用户侵入，防止外界对系统内部资源的恶意访问和使用，保障共享信息的安全。

1. 计算机访问控制技术的构成

在访问控制系统中，一般包括以下 3 个要素：

（1）主体。主体即发出访问操作的主动方，一般指用户或发出访问请求的智能体，如程序、进程、服务等。

（2）客体。客体即接受访问的对象，包括所有受访问控制机制保护的系统资源，如操作系统中的内存、文件，数据库中的记录，网络中的页面或服务等。

（3）访问控制策略。访问控制策略即主体对客体访问能力和操作行为的约束条件，定义了主体对客体实施的具体行为以及客体对主体的约束条件。

2. 计算机访问控制技术的类型

（1）自主访问控制（Discretionary Access Control，DAC）。自主访问控制的主要特征体现在允许主体对访问控制施加特定限制，也就是可将权限授予或收回于其他主体，其基础模型是访问控制矩阵模型，访问控制的粒度是单个用户。目前应用较多的是基于列客体的访问控制列表（Access Control List，ACL），ACL 的优点在于简易、直观，不过在遇到规模相对较大、需求较为复杂的网络任务时，管理员工作量增长较为明显，风险也会随之扩大。

（2）强制访问控制（Mandatory Access Control，MAC）。强制访问控制中的主体被系统强制服从于事先制订的访问控制策略，并将所有信息定位保密级别，每个用户获得相应签证，通过梯度安全标签实现单向信息流通模式。MAC 安全体系中，可以将通过授权进行访问控制的技术应用于数据库信息管理，或者网络操作系统的信息管理。

（3）基于角色的访问控制（Role-Based Access Control，RBAC）。基于角色的访问控制是指在应用环境中，通过对合法的访问者进行角色认证来确定其访问权限，简化了授权管理过程。RBAC 的基本思想是在用户和访问权限之间引入角色的概念，使其产生关联，利用角色的稳定性，对用户与权限关系的易变性做出补偿，并可以涵盖在一个组织内执行某个事务所需权限的集合，可根据事务变化实现角色权限的增删。

（4）基于任务的访问控制（Task-Based Access Control，TBAC）。基于任务的访问控制是一种新型的访问控制和授权管理模式，较为适合多点访问控制的分布式计算和信息处理活动以及决策制定系统。TBAC 从基于任务的角度来实现访问控制，能有效地解决提前授权问题，并将动态授权联系给用户、角色和任务，保证最小特权权责。

三、计算机数据安全技术

（一）计算机数据的备份与恢复

1. 计算机数据备份

“计算机访问数据的安全性是保障计算机数据正常访问的最重要基础。”用户在使用计算机时，会不可避免地出现不可预见的问题，导致数据损坏，所以计算机数据备份功能不可或缺。通过数据备份，可以集中留存数据，相当于创建了一个完整的数据副本，一旦原始数据出现问题，利用数据副本可以还原或是修复原始数据。计算机数据备份的策略如下：

（1）完全备份策略。完全备份是一种相对保险、数据相对完整的备份策略，采取这一方式的目的在于将计算机中的所有数据资料复制在一起，这种策略的优势在于能够保证所有丢失或者损坏的数据都能够被恢复，但是缺点也非常明显，就是数据在进行备份的过程中，一些不重要的数据或垃圾数据也会占用备份的时间和存储空间，从而使最终的数据备份文件内存较高，因此，对于资金和时间比较欠缺的用户，这种方法性价比较低。当用户更新使用设备时，为了方便以后的使用，完全备份策略是最佳选择。

（2）增量备份策略。增量备份是一种定时、定期更新备份数据的方式，主要指在已经将计算机内的数据全部备份之后，在使用过程中，在每一个备份时间点都只备份自上次备份以来出现的数据。这一备份方式的特点在于，用户可以自由选择恢复数据的时间节点。

（3）差分备份策略。差分备份指每次在备份数据时备份的是上一次完全备份数据所增加或是重新修改过的数据。备份流程为用户在整点时完全备份完数据之后，经过一段时间，用户再将当前时间点内与上次完全备份数据存在差异的数据（更新和改动的是数据）进行备份。

2．计算机数据恢复

计算机恢复技术是指将受到破坏或丢失的数据恢复到原始位置和文件形式。当前，导致数据损坏和丢失的因素有很多，只有将导致问题的根本性原因分析清楚，才能采取精准的解决方案。此外，计算机系统内的数据可以划分为系统数据和用户数据，市面上的计算机系统种类较为单一，具有一定的通用性，数据恢复相对简单，而用户数据包括的内容种类丰富，存储容量相对较大，所以用户数据的恢复较为重要，难度也相对较高。

根据具体的操作情境，计算机系统数据遭到破坏和丢失的原因主要分为以下 3 种：

（1）病毒入侵。病毒入侵的方式随着互联网技术的发展，衍生出了更加多样的侵入计算机系统的方式，目前较为常见的是在用户浏览网络页面时，经常会弹出跳转链接，一旦用户不小心点击链接，很可能会让电脑瞬间被病毒软件入侵，导致系统瘫痪、数据损坏和丢失等问题。因此，用户在使用计算机网络时，应避免下载和安装不熟悉的软件，不随意点击不明网络链接。

（2）计算机硬件设备损坏。计算机的存储硬件一般安装在主机上，当遭到物理冲击，或是电路、电压问题导致的零件损坏情况时，数据损坏是不可逆的，如果没有提前进行数据备份，数据被恢复的可能性极低。

（3）用户个体的操作失误。用户在使用计算机时可能会在各种主观和客观因素影响下导致错误操作，如误删文件、误点不明链接、电源中断等操作，均会导致数据的丢失和破坏。因此，为了避免这种情况的出现，用户需要养成定期备份数据的习惯。

（二）计算机数据库的安全防护

计算机数据库的安全保护机制如下。

1. 身份认证机制

信息系统会通过某些特定的数据表示系统内部的用户身份等信息，用户的数字身份是计算机唯一能够识别的内容，用户授权只存在于数字身份层面。因此，需要保证操作数字身份的主体是合法的数字身份拥有者，所以权限管理需要一定依据，需要应用到身份认证技术等其他安全技术。

认证服务是所有其他安全服务的中心，能够保证某个实体身份。对于数据库的安全，数据库身份认证是第一道屏障，能够将非授权用户排除在数据库系统之外。以下身份认证方式是主流数据库系统支持方式：

（1）操作系统认证。用户在认证方式下可以利用操作系统账户直接与数据库相连接，免除用户名和密码设置，这种情况下的系统验证主要是依靠与数据库连接的系统。

（2）数据库系统认证。这种方式以加密形式在数据库内部保存数据库用户的账号与口令，口令和账号与操作系统并不形成联系，而是仅仅保存在数据库的内部。如果用户需要与数据库进行连接，可将口令和用户账户输入，从而得到相应认证。

目前，数据库系统和操作系统认证被主流的数据库管理系统所支持。

（3）第三方认证。认证数据库用户身份功能已经被许多网络安全认证系统所掌握，密钥分配系统和认证系统是其主要的依靠。用户在双重依靠下，可以利用验证令牌和身份证明对验证请求进行响应。从本质上来看，第三方认证会将一个应用编程界面提供给密钥分配系统，将安全服务提供给所有网络应用程序，所涉及的层面也是全方位的。

2. 访问控制机制

推导控制、信息流向控制和访问控制是数据库安全控制技术的主要内容，其中，访问控制技术被广泛地应用。访问控制技术会对资源访问进行准许或限制，也可以对授权范围进行控制，避免非法和越权操作。数据库的访问控制不同于操作系统中的访问控制，它的控制需要更为精细的数据粒度，需要对访问操作进行完整的定义并检查访问规则。用户如果要获得授权的权利，必须经过合法认证，这种方式能够约束他们的访问。

（1）自主访问控制。系统会参考主体的访问权限和身份，在访问控制过程中进行决策，但自主访问的管理主体为客体属主，属主会以自主方式自行决定是否对其他主体授予自己的部分访问权和客体访问权，即通过自主访问控制，属主可以决定是否将文件分享给其他的用户。自主访问控制以访问控制矩阵为表示形式，系统在用户希望操作的情况下，会比照系统的授权存取矩阵，如果通过，该用户的请求会被允许；反之，用户的请求会被拒绝。

（2）强制访问控制。这种控制方法拥有更高的安全性，在这种控制方法下会通过密集对所有数据对象进行分级，同时分配相应的级别许可证，用户如果想对某一对象进行存取，必须有相应的合法许可证。

（3）多级关系模型。扩展关系模型的自身定义是使强制访问控制策略应用到关系型数据库中的前提，但是目前很难实现这一要求，也促成了多级关系模型的出现。从本质上来看，多级模型会将不同的访问等级分配给不同元组，不同的安全区存在于关系中并各自对应一个访问等级，例如，所有访问等级为 c 的元组，都存在于访问等级为 c 的安全区之内，如果一个主体拥有 c 访问等级,则能对所有小于等于 c 的安全区中的所有元组进行访问，以便形成多级关系视图。

3．数据加密机制

尽管审计、用户识别和存取控制等各种与数据安全防范相关的功能都附属于大型计算机数据库安全管理系统中，但是保护措施仅针对系统方面，无法很好地防范和拦截拥有丰富经验的黑客，还需要利用一定的保护措施保护数据库文件，即数据库加密。

对于数据库来说，计算机数据库加密的安全防范措施十分有效。防范措施在控制数据本身时，会利用解密和加密控制，而数据库管理系统是其建立的基础。数据库加密不同于其他加密形式，数据文件中的字段代替数据库成为加密对象，即使黑客对数据文件进行窃取，也无法随意篡改文件，使得数据信息获得安全保障，但并不代表数据文件的加密是无效的，加密整个数据文件在备份数据并传送到不同区域的过程中也十分必要。

各个用户在数据库实现加密之后，还需要进行二次加密。二次加密主要利用用户自身密钥，使加密后的数据库安全性大大提升，数据库安全管理员也无法从用户数据库中获取信息。另外，数据库的备份内容在数据库加密后变成密文，很大程度上避免了备份过程中的数据丢失。因此，对于企业内部的安全管理，数据库加密十分重要。

（三）计算机数据库的安全技术

1. 安全技术的类别

（1）数据库加密技术。计算机数据库的加密技术主要是把明文数据通过转换（通常是变序和代替）变成密文数据，即将计算机数据库中的数据保存到密文数据，想要使用时可以将其提取出来，然后通过解密的方式获取明文数据。数据的解密和加密是一个相反的过程，解密是加密的逆向过程，即把加密的内容转变为可以看到的明文数据。计算机数据加密技术可以防止数据库中一些重要数据资料被窃取或丢失，保障了数据库中重要数据的安全。因此，计算机数据库加密技术是非常重要的工具，可以有效保证相关单位和部门内部数据的安全。

（2）数据库恢复技术。对数据库进行恢复需要解决两个问题：一个是对冗余数据的建立和管理，另一个是怎么使用冗余数据将数据库进行恢复。一般情况下有以下两种相关技术：

1）数据转储技术。后援副本（后备副本）指的是具有备份性质的文本数据，它是由数据转储数据库的管理人员通过复制和粘贴到磁盘或者磁带上，对文本数据进行储存。后援副本的主要作用是当数据库被破坏时，能够及时有效地补足数据，不至于造成数据消失，在一定程度上，重装后的数据库只有一次恢复数据的转储状态。如果使数据恢复到出故障时的瞬间状态，就需要重新运行转储后的数据。

2）日志文件登记技术。日志文件是一种文本形式，功能是记录数据的更新操作，根据数据库系统的不同选择不同的日志格式。从总体上来说，根据基础单位的不同，可以将日志文件分为两种格式：一种是以日志记录为基础，另一种是以日志数据块为基础。

2. 加密技术的要求

加密技术主要有以下要求：

（1）数据库加密的强度要够大，从而确保数据库的数据在长期时间内不会被大量破解。

（2）对数据库数据进行加密处理后，其需要的保存空间只能有轻微变动，不能大幅增加。

（3）要保持系统原来的特点，必须加快加密与解密的速度，以保证用户的体验效果，不会出现延迟的现象。

（4）数据库加密系统要建立一个稳定的、随机应变的体制来管理密钥。数据库加密与解密所采用的密钥保存方式必须具有安全性，同时运用方便。

（5）数据库的加密与解密技术对合法操作都是公开透明的，加密后的数据与系统原来拥有的功能不会出现冲突。

第三章　通信网与通信技术

第一节　通信网与数据通信技术

一、通信网

通信网就是由一定数量的节点（包括终端设备和交换设备）和连接节点的传输链路有机地组合在一起，协同工作，以实现两个或多个用户间信息传输的通信体系。换言之，通信网是相互依存、相互制约的许多要素组成用以完成规定功能的有机整体。通信网的功能就是要适应用户呼叫的需要，以用户满意的程度传输网内任意两个或多个用户之间的信息。

（一）通信网的基本要素

1. 终端设备

终端设备是用户与通信网之间的接口设备，除了对应模型中的信源和信宿之外，还包括一部分变换和反变换装置。终端设备的功能主要有 3 项：①在发送端将信息转换为适合在传输链路上传送的信号，并在接收端进行相反的转换，即将传输链路上的信号进行信息还原；②对信号进行处理，使其与传输链路相匹配，这一过程由信号处理设备完成；③产生和识别网内所需的信令，以实现一系列的控制作用。

2. 传输链路

传输链路是网络节点的连接媒体，也是信息和信号的传输通路，除了主要对应通信系统模型中的信道部分之外，还包括一部分变换和反变换装置。传输链路具有波形变换、调制解调、多路复用、发信和收信等功能。传输链路有多种不同的实现方式，最简单的传输链路就是简单的线路，如明线、电缆等，它们一般用于市内电话网用户端链路和局间中继链路。另外，载波传输系统、脉冲编码调制（Pulse Code Modulation，PCM）传输系统、数字微波传输系统、光纤传输系统和卫星传输系统等都可以作为通信网传输链路的实现方式。

3．交换设备

交换设备是现代通信网的核心要素，其基本功能是完成接入交换节点链路的汇集、转接接续和分配，实现一个呼叫终端（用户）和它所要求的另一个或多个用户终端之间的路由选择的连接。交换设备的交换方式可以分为两大类，即电路交换方式和存储转发交换方式。

（二）通信网的组网结构

1．星形网

星形网也称为辐射网，它将一个节点作为辐射点，该点与其他节点均有线路相连，如图 3-1 所示。具有 *N* 个节点的星形网至少需要 *N*-1 条传输链路。星形网的辐射点就是转接交换中心，其余 *N*-1 个节点间的相互通信都要经过转接交换中心的交换设备，因此该交换设备的交换能力和可靠性会影响网内的所有用户。与网状网相比，星形网的传输链路少，线路利用率高，因此当交换设备的费用低于相关传输链路的费用时，星形网的经济性较好。但是当交换设备的转接能力不足或设备发生故障时，网络的接续质量和网络的可靠性将会受到影响，严重时会造成全网瘫痪。

2．线形网

线形网的网络结构，如图 3-2 所示，它与环形网的区别是网络结构是开环的，首尾不相连的线形网常用于同步数字体系（Synchronous Digital Hierarchy，SDH）传输网中。

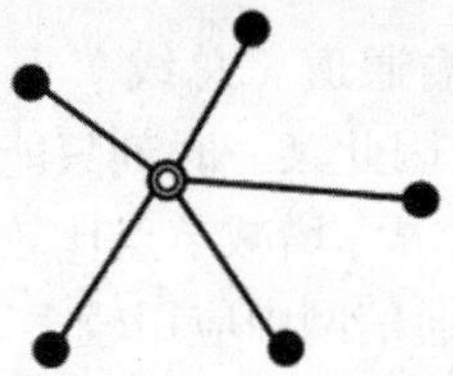

图 3-1　星形网示意图

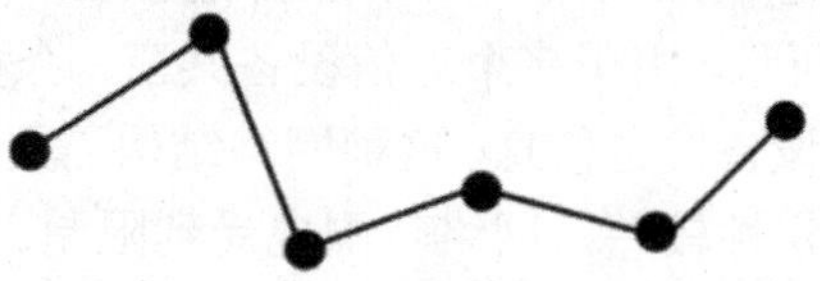

图 3-2　线形网示意图

3．树状网

树状网可以看成是星形网结构的扩展，如图 3-3 所示。在树状网中，节点是按层次进行连接的，信息交换主要在上下节点之间进行。树形结构主要用于用户接入网或用户线路网中，另外，主从网同步方式中的时钟分配网也采用树形结构。

4．网状网

网状网如图 3-4 所示，网内任意两个节点之间均有直达线路相连，是完全网状网。如果有 *N* 个节点，则需要有 *N* 条传输链路。因此，当节点数增加时，传输链路的数量将迅速增大。这种网络结构的优点是稳定性好，缺点是冗余度较大、线路利用率不高、经济性较差，适用于局间业务量较大或分局量较少的情况。

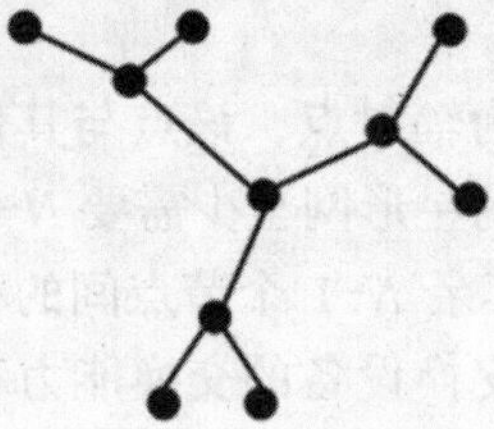

图 3-3　树状网示意图

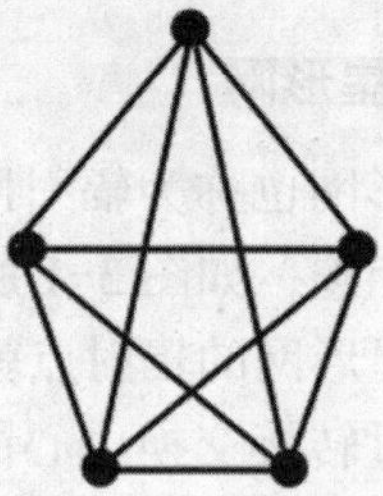

图 3-4　网状网

5．复合型网

复合型网是由网状网和星形网复合而成的，如图 3-5 所示。根据网中业务量的需要，以星形网为基础，在业务量较大的转接交换中心区间采用网状结构，可以使整个网络比较经济且稳定性较好。复合型网具有网状网和星形网的优点，是通信网中普遍采用的一种网络结构，但在网络设计时应以交换设备和传输链路的总费用最小为原则。

6．总线形网

总线形网的所有节点都连接在一个公共传输通道（总线）上，如图 3-6 所示。由于多个通信设备共享一条数据通路，因此某一时刻只能有一个通信设备发送信息。这种网络结构需要的传输链路少，增减节点比较方便，但稳定性较差，网络范围也受到限制，在计算机通信网中应用较多。

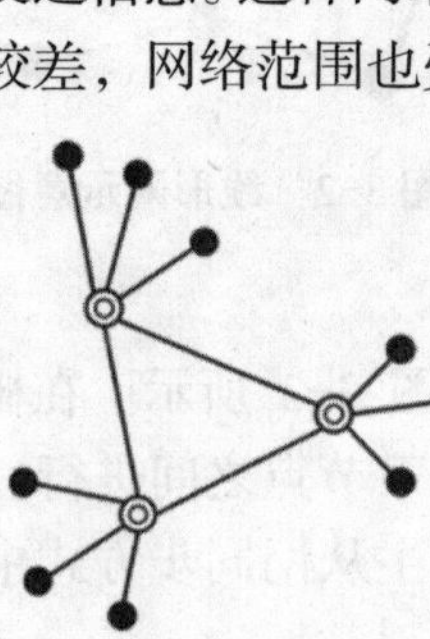

图 3-5　复合型网示意图

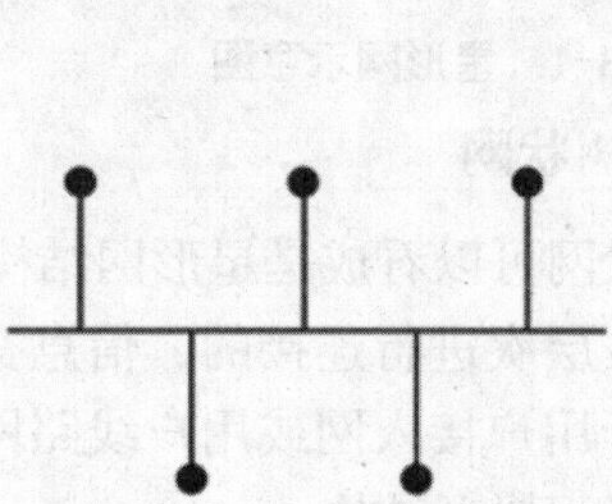

图 3-6　总线形网示意图

（三）通信网的基本类型

（1）根据业务种类可以分为电话网、电报网、传真网、广播电视网、数据网等。

（2）根据所传输信号的形式可以分为数字网和模拟网。

（3）根据组网方式可以分为固定通信网和移动通信网。

（4）根据服务范围可以分为本地网、长途网和国际网。

（5）根据运营方式可以分为公用通信网和专用通信网。

（四）通信网的分层结构

传统的通信网络由传输、交换、终端三大部分组成，传输部分为网络的链路，交换部分为网络的节点。随着通信技术的发展和用户需求的日益多样化，现代通信网正处在变革和发展之中，网络类型和所提供的业务种类不断增加和更新，形成了复杂的通信网络体系。

传递现代信息的网络是复杂的，从不同的角度来看，会对网络有不同的理解和描述，例如网络可以从功能上、逻辑上、物理实体上和对用户服务的界面上等不同的角度和层次进行划分。为了客观、全面地描述信息基础设施网络结构，本书根据网络的结构特征采用垂直描述和水平描述两种方法。

1．垂直描述

垂直描述是从功能上将网络分为信息应用层、业务网层和接入与传送网层，上下层之间的关系为客户、服务者关系。从逻辑分析的角度看，在垂直分层网的总体结构中，信息应用层表示各种应用信息和服务种类，它位于分层结构的最高层，主要涉及提供给用户的各类通信业务和通信终端；业务网层表示传送各种信息服务的业务网，主要用于提供基本的话音、数据、多媒体业务，可由采用不同交换技术的节点交换设备来组成不同类型的业务网；接入与传送网层表示支持业务网的传送手段和基础设施，如现有的准同步数字系列（Plesiochronous Digital Hierarchy，PDH）和 SDH。支撑网用来支持上述 3 个层面的工作，提供保证网络有效正常运行的各种控制和管理能力，包括 No.7 信令网、数字同步网和电信管理网。支撑网提供的支撑技术是网络中的核心技术，构成了现代通信的技术基础。

2．水平描述

水平描述是基于通信网实际的物理连接来划分的，可分为核心网、接入网和用户驻地网，或广域网、城域网和局域网等。

（五）通信网的基本要求

为了使通信网能快速、有效、可靠地传递信息，充分发挥其作用，对通信网提出了以下3项要求。

1．接通的任意性与快速性

接通的任意性与快速性是对通信网的最基本要求。所谓接通的任意性与快速性，是指网内的一个用户应能快速地接通网内的任一其他用户。影响接通的任意性与快速性的主要因素有：①通信网的拓扑结构；②通信网的网络资源；③通信网的可靠性。

2．网络的可靠性与经济合理性

网络的可靠性对通信网而言是至关重要的，一个可靠性不高的网络经常会出现故障乃至通信中断，这样的网是不能用的，但绝对可靠的网也是不存在的。所谓可靠，是指在概率的意义上，使平均故障间隔时间（两个相邻故障间隔时间的平均值）达到要求。可靠性必须与经济合理性结合起来。提高可靠性往往会增加投资，但造价太高又不易实现，因此应根据实际需要在可靠性与经济性之间进行折中和平衡。

3．信号传输的透明性与一致性

信号传输的透明性是指在规定业务范围内的信息都可以在网内传输，对用户不加任何限制。传输质量的一致性是指网内任何两个用户通信时，应具有相同或相仿的传输质量，而与用户之间的距离无关。通信网的传输质量直接影响通信的效果，不符合传输质量要求的通信网有时是没有意义的，因此要制定传输质量标准，使网中的各部分均满足传输质量指标的要求。

上述是对通信网的基本要求，除此之外，人们还会对通信网提出一些其他要求，而且对于不同业务的通信网来说，上述各项要求的具体内容和含义将有所差别。电话通信是目前用户最基本的业务需求，对电话通信网有以下3项要求：

（1）接续质量。电话通信网的接续质量是指用户通话被接续的速度和难易程度，通常用接续损失（呼损）和接续时延来度量。

（2）传输质量。传输质量是指用户接收到的话音信号的清晰、逼真程度，可以用响度、清晰度和逼真度来衡量。

（3）稳定质量。稳定质量是指通信网的可靠性，其指标主要有失效率（设备或系统单位时间发生故障的概率）、平均故障间隔时间、平均修复时间（发生故障时进行修复所需的平均时间）等。

二、数据通信技术

（一）数据通信的认知

1．数据通信的特点

（1）话音通信终端发送和接收的都是模拟的电流信号，利用现有的公用电话交换网进行传输，而数据终端发出的数据一般是离散的数字信号（如不同极性的电压、电流或脉冲），既可以利用现有的公用电话交换网进行传输，也可以利用数据网进行传输。如何在传输信道（通信线路）上正确地传输这些离散数字信号，以便在接收端恢复出原始发送的数据信息，就是数据通信要解决的基本问题。

（2）数据通信是计算机与计算机以及人与计算机之间的通信，而电话通信是人与人之间的通信。计算机不具有人脑的思维和应变能力，计算机之间的通信过程需要按照事先约定好的规程或通信协议来进行，而电话通信不必如此复杂。

（3）数据通信对数据传输的可靠性要求比较高，而在数据传输过程中，由于信道的不理想和噪声的影响，可能使数据信号产生差错，导致接收信息完全不同，特别是对军事或银行业务系统，这些差错可能会引起严重后果，因此，需要采取一些措施对差错进行纠正或控制。

（4）数据通信的用户是各种各样的计算机和终端设备，它们在通信速率、编码格式、同步方式和通信规程等方面都会有很大差异，为了使它们之间能够相互通信，数据通信网必须提供足够灵活的接口能力。

（5）数据通信的通信量呈突发性，即数据通信速率的平均值和高峰值差异比较大，如瞬时高峰速率可能高出平均速率上百倍，这就要求在网络设计时要折中考虑平均速率和峰值速率的要求，在保证一定传输时延的条件下，能充分利用网络的资源。

综上所述，数据通信依照通信协议，利用数据传输技术在两个功能单元之间传递数据信息的通信方式，可以实现计算机与计算机、计算机与终端或终端与终端之间的数据信息传递。

根据数据通信的定义可以理解，数据通信包括两方面的内容，即数据传输和数据传输前后的数据处理，如数据的集中、交换、控制等。数据传输指的是通过某种方式建立一个数据传输通道将数据信号在其中传输，它是数据通信的基础；数据处理的目的是使数据更有效、可靠地传输，它包括数据集中、数据交换、差错控制和传输规程等。

2．数据通信的组成

数据通信系统是通过数据电路将分布在远端的数据终端设备（DTE）和计算机系统连接起来，实现数据传输、交换、存储和处理的系统。比较典型的数据通信系统主要由数据终端设备、数据电路和计算机系统三种类型的设备组成。

（1）数据终端设备。数据终端设备由数据输入设备（产生数据的数据源）、数据输出设备（接收数据的数据宿）和传输控制器组成。数据输入/输出设备是操作人员与终端之间的桥梁，它把人可以识别的数据变换成计算机可以处理的信息或者相反的过程。数据的输入/输出可以通过键盘、鼠标等来实现，最常见的输入设备是键盘、鼠标、扫描仪；输出设备可以是 CRT 显示器、打印机等。通信控制部分主要执行与通信网络之间的通信过程控制，包括差错控制和通信协议实现等。

（2）数据电路。数据电路由传输信道（通信线路）和两端的数据电路终端设备（DCE）组成。数据电路位于 DTE 和计算机系统之间，为数据通信提供数字传输信道。DTE 产生的数据信号可能有不同的形式，但都表现为脉冲信号。DCE 是 DTE 与传输信道之间的接口设备的主要作用是信号变换。具体地说就是，在发送端，DCE 将来自 DTE 的数据信号进行变换。如果传输信道是模拟信道，DCE 的作用就是把 DTE 送来的数据信号变换成模拟信号再送往信道或进行相反的变换，这时 DCE 就是调制解调器。如果信道是数字信道，DCE 实际上是数字接口适配器，其中包含数据服务单元和信道服务单元，前者执行信号码型与电平的转换、定时、信号的再生和同步等功能，后者则执行信道特性的均衡、信号整形和环路检测等功能。

（3）计算机系统。计算机系统由主机、通信控制器（又称前置处理机）和外围设备组成，具有处理从数据终端设备输入的数据信息，并将处理结果向相应数据终端设备输出的功能。主机又称中央处理机，由中央处理单元（CPU）、主存储器、输入/输出设备和其他外围设备组成，其主要功能是进行数据处理。通信控制器用于管理与数据终端相连接的所有通信线路。

与电话通信不同，当数据电路建立后，为了进行有效的数据通信，还必须由传输控制器和通信控制器按照事先约定的传输控制规程对传输过程进行控制，以使双方能够协调和可靠地工作，包括流量控制等。通常把由控制装置（传输控制器和通信控制器）和数据电路所组成的部分称为数据链路。一般来说，只有建立了数据链路以后，通信双方才能真正有效地进行数据通信。

3．数据通信的过程

（1）通信线路连接的建立。用户通过“拨号”等呼叫手段通知交换机目的地址，交换机负责在通信双方建立线路连接。

（2）数据传输链路连接的建立。通信双方建立同步关系，使双方设备处于正确的收发状态，即建立起逻辑连接。

（3）数据及其控制信息的传输。该阶段是通信的实质性阶段，通信双方交换要传送的数据及其控制信息。

（4）数据传输结束。通信双方通过有关的通信控制信息确认通信结束，拆除逻辑连接。

（5）通信线路的拆除。通信双方中的一方通知交换设备拆除物理连接。

（二）数据通信的交换技术

1．数据交换的必要性

两端用户通过信道直接连接起来所构成的通信方式是点对点的通信。多个用户之间要进行数据通信，如果任意两个用户之间都使用直达线路进行连接，虽然简单方便，但线路利用率低。因此，通常将各个用户终端通过一个具有交换功能的网络连接起来，使得任何接入该网的两个用户终端由网络来实现适当的交换操作。

2．数据交换的主要方式

（1）利用公用电话交换网进行数据交换。公用电话交换网是目前普及的网络，为了充分利用现有公用电话交换网的资源，可以利用公用电话交换网进行数据传输和交换，在公用电话交换网上只需增添少量的设备，进行一些必要的测试之后就可以开展数据通信业务。利用公用电话交换网进行数据传输和交换的优点是投资少、易于实现且使用方便，正因如此，即使在公用数据网比较完善的情况下，公用电话交换网仍是一种不容忽视的数据传输和交换手段。然而，由于电话网是专门为电话通信设计的，因此对于数据通信而言存在一定的限制和缺陷，主要体现在以下方面：

1）传输速率低，一般只能开通 200~4 800 b/s 的数据业务，目前已能做到更高速率的传输。

2）传输差错率高，误码率一般在 10^{-5}~10^{-3} 之间，而且由于每次呼叫所连接的通路都不同，因而使得传输质量很不稳定。

3）线路接续时间长，不适合高速数据传输。

4）传输距离受限制，长途线路经多段转接使得群延时叠加，从而使信道恶化，要保证数据长距离传输的质量，必须采取线路均衡等措施，这样会在经济上造成浪费。另外，利用公用电话交换网进行数据传输和交换还有接通率低、不易增加新功能等缺点。

（2）利用公用数据网进行数据交换。利用公用数据网进行数据交换有两种方式：①电路交换方式，又分为空分交换方式和时分交换方式；②“存储－转发”交换方式，又分为报文交换、分组交换和帧方式。

3．数据交换的基本类型

（1）电路交换。

1）电路交换的基本原理。数据通信中的电路交换指的是两台计算机或终端在互相通信之前需预先建立起一条实际的物理链路，在通信中自始至终使用该条链路进行数据信息传输，并且不允许其他计算机或终端同时共享该链路，通信结束后再拆除这条物理链路。

当用户要求发送数据时，向本地交换局呼叫，在得到应答信号后，主叫用户开始发送被叫用户号码或地址；本地交换局根据被叫用户号码确定被叫用户属于哪一个局的管辖范围，并随之确定传输路由；如果被叫用户属于其他交换局，则将有关号码经局间中继线传送给被叫用户所在交换局，被叫端局呼叫被叫用户，从而在主叫用户和被叫用户之间建立一条固定的通信线路。在数据通信结束时，当其中一个用户表示通信完毕需要拆线时，该链路上各交换机将本次通信所占用的设备和通路释放，以供后续呼叫使用。

由此可见，采用电路交换方式，数据通信需经历呼叫建立（即建立一条实际的物理链路）、数据传输和呼叫拆除三个阶段。

电路交换属于预分配电路资源，在一次接续中，电路资源会预先分配给一对用户固定使用，不管在这条电路上有无数据传输，电路一直被占用，直到双方通信完毕拆除电路连接为止。数据通信中的电路交换是根据电话交换原理发展起来的一种交换方式，但又不同于利用电话网进行数据交换的方式。在电路交换数据网上进行数据传输和交换与利用公用电话交换网进行数据传输和交换的区别主要体现在两个方面：①不需要调制解调器；②电路交换数据网采用的信令格式和通信过程不相同。实现电路交换的主要设备是电路交换机，它由交换电路部分和控制电路部分构成。交换电路部分用来实现主叫用户和被叫用户的连接，其核心是交换网，交换网可以采用空分交换方式和时分交换方式；控制部分的主要功能是根据主叫用户的选线信号控制交换电路完成接续。

2）电路交换的主要优点。电路交换的优点主要包括：①信息的传输时延小，且对一次接续而言，传输时延固定不变；②交换机对用户的数据信息不进行存储、分析和处理，因此，交换机在处理方面的开销比较小，传送用户数据信息时不必附加许多控制信息，信息传输的效率比较高；③信息的编码方法和信息格式由通信双方协调，不受网络的限制。正因为电路交换方式自身的一些特点，使其适合于传输信息量较大、通信对象比较确定的用户。

（2）报文交换。

1）报文交换的基本原理。报文交换属于“存储-转发”交换方式，与电路交换的原理不同，不需要提供通信双方的物理连接，当用户的报文到达交换机时，先将接收的报文暂时存储在交换机的存储器（内存或外存）中，当所需要的输出电路有空闲时再将该报文发向接收交换机或用户终端。报文交换是以报文为单位进行信息的接收、存储和转发的，为了准确地实现报文转发，一份报文应包括三个部分：①报头或标题，包括源地址、目的地址和其他辅助的控制信息等；②报文正文，用来传输用户信息；③报尾，表示报文的结束标志，若报文长度有规定，则可省去此标志。

交换机中的通信控制器探寻各条输入用户线路，若某条用户线路有报文输入，则向中央处理机发出中断请求，并逐字把报文送入内存储器。一旦接收到报文结束标志，则表示一份报文已全部接收完毕，中央处理机对报文进行处理，如分析报头、判别和确定路由、输出排队表等；然后将报文转存到外部大容量存储器，等待一条空闲的输出线路。一旦线路空闲，就再把报文从外存报文交换机存储器调入内存储器，经通信控制器向线路发送出去。在报文交换中，由于报文是经过存储的，因此通信就不是交互式或实时的。不过，对不同类型的信息可以设置不同的优先等级，优先级高的报文可以缩短排队等待时间。采用优先等级方式可以在一定程度上支持交互式通信，在通信高峰时也可把优先级低的报文送入外存储器排队，以减少由于繁忙引起的阻塞。

2）报文交换的主要优点。报文交换的优点主要包括：①可使不同类型的终端设备之间相互进行通信。因为报文交换机具有存储和处理能力，所以可对输入、输出电路上的速率和编码格式进行交换。②在报文交换过程中没有电路接续过程，来自不同用户的报文可以在同一条线路上以报文为单位实现时分多路复用，线路可以以它的最高传输能力工作，大大提高了线路利用率。③用户不需要叫通对方就可以发送报文，所以无呼损。④可以实现同报文通信，即同一报文可以由交换机转发到不同的收信地点。

（3）分组交换。

1）分组交换的基本原理。分组交换也称为“包交换”，它是把要传送的数据信息分割成若干个比较短的、规格化的数据段，这些数据段称为“分组”（或称为“包”），然后加上分组头，采用“存储-转发”的方式进行交换和传输；在接收端，将这些“分组”按顺序进行组合，还原成原数据信息，由于分组的长度较短，具有统一的格式，便于在交换机中存储和处理，“分组”进入交换机后只在主存储器中停留很短的时间进行排队和处理，一旦确定了新的路由，就会很快传输到下一个交换机或用户终端。分组由分组头和其后的用户数据部分组成。分组头含有接收地址和控制信息，其长度为 3~10 B；用户数据部分长度一般是固定的，平均为 128 B，最大不超过 256 B。

2）分组交换的主要优点。分组交换的优点主要包括：①传输质量高。分组交换机具有差错控制、流量控制等功能，可实现逐段链路的差错控制（差错校验和重发），而且对于分组型终端来说，在用户线部分也可以同样进行差错控制，因此，分组在网内传输的差错率大大降低，传输质量明显提高。②可靠性高。在电路交换方式中，一次呼叫的通信电路固定不变，而分组交换方式则不同，报文中的每个分组可以自由选择传输途径。由于分组交换机至少与另外两个交换机相连接，因此，当网中发生故障时，分组仍能自动选择一条避开故障地点的迂回路由传输，不会造成通信中断，为不同类型的终端相互通信提供了方便。分组交换网进行存储-转发交换工作，并以 X.25 建议的规程向用户提供统一的接口，从而能实现不同速率、码型和传输控制规程终端间的互通，同时也为异种计算机互通提供了方便。

（4）帧方式。帧方式是一种快速分组技术，是分组交换的升级技术。

具体地说，帧方式是在 OSI 参考模型的第 2 层（即数据链路层）使用简化的方式传送和交换数据单元的一种方式。由于数据链路层的数据单元一般称作帧，故称这种方式为帧方式。帧方式的重要特点之一是简化了分组交换网中分组交换机的功能，从而降低了传输时延，节省了开销，提高了信息传输效率。

帧方式包括两种类型：帧交换和帧中继。由前述内容可知，分组交换机具有差错检测和纠错、流量控制、分组级逻辑信道复用等功能，而帧中继交换机只进行差错检测，但不纠错（检测出错误帧便将其丢掉），而且省去了流量控制、分组级逻辑信道复用等功能，纠错、流量控制等功能由终端去完成。帧交换和帧中继的区别在于帧交换保留了差错控制和流量控制功能，但不支持分组级的复用，这一点与分组交换不同。由此可见，帧中继比帧交换的功能更加简化，传输效率也更高，因此，目前广泛应用的是帧中继。

（三）数据通信网技术

1. 数据通信网的认知

（1）数据通信网的构成。一般来讲，以传输数据为主的网络称为数据通信网。数据通信网可以进行数据交换和远程信息的处理，其交换方式普遍采用“存储-转发”方式的分组交换。数据通信网是一个由分布在各地的数据终端设备、数据交换设备和数据传输链路所构成的网络，在网络协议（软件包括 OSI 下三层协议）的支持下，实现数据终端间的数据传输和交换。数据终端设备是数据网中的信息传输的源点和终点，其主要功能是向网中（传输链路）输出数据和从网中接收数据，并具有一定的数据处理和数据传输控制功能。数据终端设备可以是计算机，也可以是一般数据终端。数据交换设备是数据交换网的核心，其基本功能是完成对接入交换节点的数据传输链路的汇集、转接接续和分配。需要说明的是，数字数据网（DDN）中没有交换设备，它采用数字交叉连接设备（DXC）作为数据传输链路的转接设备；在广播式数据网中也没有交换设备，它采用多址访问技术来共享传输媒体。数据传输链路是数据信号传输的通道，其中包括用户终端入网的路段（即数据终端到交换机的链路）和交换机之间的传输链路。传输链路上数据信号的传输方式有基带传输、频带传输和数字数据传输等。

（2）数据通信网的分类。

1）按网络拓扑结构分类。网络的拓扑结构包括网状网和不完全网状网（格型网）、星形网、树状网、环形网、线形网、总线形网等。在数据通信中，骨干网一般采用网状网或格型网，本地网中可采用星形网。

2）按传输技术分类。按传输技术分类，数据通信网可分为交换网和广播网。交换网由交换节点和通信链路构成，用户之间的通信要经过交换设备。根据所采用的交换方式的不同，交换网可以分为电路交换网、分组交换网、帧中继网，另外还有采用数字交叉连接设备的 DDN。在广播网中，每个数据站的收发信机共享同一传输媒质，通过不同的媒体访问控制方式，产生了各种类型的广播网。这种数据通信网，从任一数据站发出的信号都可被所有其他数据站接收，没有中间交换节点。局域网中的绝大多数属于广播网。

3）按传输距离分类。按传输距离分类，数据通信网可分为局域网、城域网和广域网（核心网）。局域网的传输距离一般在几千米以内，传输速率在 10 Mb/s 以上，数据传输采用共享介质的访问方式，协议标准采用 IEEE 802。城域网的传输距离一般在 50~100 km 之内，传输速率比局域网高，目前以光纤为通信媒体，能提供 45~150 Mb/s 的传输速率，能支持数据、话音、图像的综合业务，通常覆盖整个城区和城郊。广域网（核心网）的传输距离通常为几十千米到几千千米，有时称为远程网。互联网就是广域网。

2．帧中继技术

帧中继（FR）技术是在 X.25 分组交换技术的基础上发展起来的一种快速分组交换技术，省略了 X.25 的分组级，避免了分组层的报文分组和重组，而且帧长是可变的，简化了节点之间的协议，提高了线路带宽的利用率。FR 仅完成 OSI 物理层和数据链路层的核心层的功能，在 OSI 第 2 层上用简化的方法传送和交换数据单元（单位是帧），以数据链路层的帧为基础实现多条逻辑链路的统计复用和转换，没有网络层，因此称为“帧中继”。FR 将流量控制、纠错等功能留给智能终端去完成，大大简化了节点机之间的协议，缩短了传输时延，提高了传输效率。FR 采用虚电路技术，以虚电路标识一条连接，只在虚电路的两端点之间进行确认和重发，在网络接口和网内各节点间不进行确认和重发，只进行检错，若有错就丢弃，因而能充分利用网络资源。

（1）帧中继的网络结构、协议结构和帧格式。

1）帧中继的网络结构。FR 是以可变长帧为基础的数据传输网络，在通信过程中，用户终端设备把特定格式的帧送到帧中继网络（FRN），网络根据收到的信息寻找合适的路由把信息送到目的地。

FR 节点有 3 个主要功能：①在第 2 层上的虚电路多路复用；②链路层故障检测；③将帧从一个中继节点转发到另一个中继节点。FR 节点的这些功能称为核心功能，由一个 LAPD 规程的子集来提供由于节点阻塞或帧不可靠等原因而没有通知相应的信息源时，可能会造成的帧丢失。FR 节点只完成这些核心功能，可大大减少协议处理的总开销，因此，FRN 具有较高的性价比，在不增加预算的情况下能够大大增强信息处理能力。

2）帧中继的协议结构。由于 FR 节点机取消了 X.25 的第 3 层功能并简化了第 2 层功能，仅完成物理层和数据链路层核心层的功能，因此节点只有两层功能。智能化的终端设备将数据发送到链路层，并封装在 LAPD 核心层的帧结构中，完成以帧为单位的信息传送。FRN 不进行纠错、重发和流量控制等，帧不需要确认就能够在每个交换机中直接通过，如果网络检查出错误帧，则直接将其丢弃。纠错、流量控制等功能留给终端去完成，从而简化了节点机之间的处理过程。

3）帧中继的帧格式。一帧包括以下 4 个字段：

A. 标志字段（F）：长度为 1 B，格式为 01111110，用于帧定界，所有的帧以标志字段开头和结束，一帧的结束标志也可作为下一帧的起始标志。为了保证数据的透明传输，其他字段中不允许出现 F（即 01111110）字段。帧中继协议也采用“0”比特填充的方法，即当发送端除了 F 字段之外，每发送 5 个连续的“1”比特之后就要插入一个“0”比特，而接收端对两个 F 字段之间的数据信息做相反的处理，即收到连续 5 个“1”之后，将随后而来的一个“0”比特删掉。

B. 地址字段（A）：用于区分同一通路上多个数据链路连接，以便实现帧的复用/分路。地址字段的长度一般为 2 B，根据需要也可扩展到 3 B 或 4 B。

C. 信息字段（I）：包含用户数据，可以是任意长度的比特序列，但必须是整数个字节。FR 信息字节的最大长度一般为 262 B（网络可支持协商的信息字段的最大字节数至少是 1 600）。

D. 帧校验序列（FCS）：用于校验帧差错，长度为 2 B。

（2）帧中继业务。FR 业务是在用户-网络接口（UNI）之间提供用户信息流的双向传送，并保持原顺序不变的一种承载业务。用户信息流以帧为单位在网络内传送，UNI 之间以虚电路进行连接，对用户信息流进行统计复用。FRN 提供的业务有两种：永久虚电路（PVC）业务和交换虚电路（SVC）业务。目前已建成的 FRN 大多只提供 PVC 业务。

（3）帧中继的主要功能。

1）FR 技术主要用于传递数据业务，它使用一组规程将数据以帧的形式有效地进行传送。帧（交换单位）的信息长度远大于分组长度，最大帧长度至少要达到 1 600 B/帧。

2）FR 传送数据信息所使用的传输链路是逻辑连接，而不是物理连接，在一个物理连接上可以复用多个逻辑连接。FR 采用统计复用，动态分配带宽（即按需分配带宽），向用户提供共享的网络资源，每一条线路和网络端口都可由多个终端按信息流共享，大大提高了网络资源利用率。

3）FR 协议取消了 X.25 的第 3 层功能，只采用物理层和数据链路层二级结构，在数据链路层也仅保留了核心子集部分。在数据链路层完成统计复用、帧透明传输和错误检测，但不提供发现错误后的重传操作，省去了帧编号、流量控制、应答和监视等机制，这使得交换机的开销减少，提高了网络吞吐量，降低了通信时延。一般 FR 用户的接入速率为 64 kb/s~2 M/s，FRN 的局间中继传输速率一般为 2 Mb/s、34 Mb/s，现在已达到 155 Mb/s。

4）提供一套合理的带宽管理和避免拥塞的机制，用户能有效地利用预先约定的带宽，而且允许用户的突发数据占用未预定的带宽，以提高整个网络资源的利用率。

5）与分组交换一样，FR 采用面向连接的虚电路交换技术，可以提供 SVC 业务和 PVC 业务。

（4）帧中继的特点。

1）高效性。FR 采用统计复用技术向用户提供共享的网络资源，大大提高了网络资源的利用率；而且由于 FR 简化了节点机之间的协议处理，因而能向用户提供高速率、低时延的业务。

2）经济性。正因为 FR 技术可以有效地利用网络资源，因此，从网络运营者的角度出发，可以经济地将网络空闲资源分配给用户使用。用户也可以经济、灵活地接入 FRN，并在其他用户无突发性数据传送时共享网络资源。

3）可靠性。虽然 FR 节点只有 OSI 第 1 层和第 2 层核心功能，无纠错和流量控制功能，但由于光纤传输线路质量好，因而保证了网络传输的可靠性，即使有少量错误也可以由智能终端进行端到端的恢复。另外，网络中采用了永久虚电路管理和拥塞管理，保证了网络自身的可靠性。

4）灵活性。在 FRN 组建方面，由于 FR 协议十分简单，对现有数据网上的硬件设备稍加修改并对软件进行升级就可以实现，而且操作简便，实现起来灵活、方便。在用户接入方面，FRN 能为多种业务类型提供共用的网络传送能力，且对高层协议保持透明，用户可方便接入，兼容性好。在业务方面，FRN 为用户提供了灵活的业务。

（5）帧中继的应用。FR 的应用领域非常广泛，典型的应用有以下几个方面：

1）局域网互联。局域网远程互联时，采用 FR 是比较有效的，与租用专线互连相比，用户可以节省大量的费用，只需网桥或路由器作为接入设备，因为 FR 在一条物理连接上能够提供多个逻辑连接，用户的接入费用会相应减少；减少用户进网所需的端口数，可进一步降低设备费用。另外，FR 特别适用于突发业务。

2）虚拟专用网（VPN）。VPN 就是利用 FRN 上的部分网络资源（如节点、用户端口等）构成一个相对独立的逻辑分区，并在分区内设置相对独立的网络管理机构。接入这个分区的用户共享分区内的网络资源，它们之间的交互作用（如数据信息的传送和控制信息的传送等）相对独立于整个 FRN。

3）计算机通信网的交换方式。FR 是分组交换的升级技术，与分组交换一样可作为计算机通信网的交换技术，即 FRN 可用于连接各种计算机，作为广域网的一种形式，为计算机之间提供数据的传输和交换。

4）中继传输。中继传输作为分组交换网节点之间的传输通路，可以大大提高分组交换网络的传输效率。

3．数字数据网技术

由于分组交换受到自身技术特点的制约，节点机对所传信息的存储-转发和通信协议的处理使得分组交换网处理速度慢、网络时延大，使许多需要高速、实时数据通信业务的用户无法得到满意的服务。为了解决这些问题，数字数据网（DDN）应运而生。DDN 指的是利用数字信道传输数据信号的数据传输网，它利用光纤、数字微波和卫星等数字传输信道和交叉复用节点组成数字数据传输网，可以为用户提供半永久性交叉连接的数字数据传输信道，以满足各种用户的需求。半永久性连接指的是所提供的信道属于非交换型信道（用户数据信息是根据事先约定的协议在固定通道频带和预先约定速率的情况下顺序连续传输），但在传输速率、到达地点和路由选择上并非完全不可改变，一旦用户提出改变申请，就由网管人员或在网络允许的情况下由用户自己对传输速率、传输数据的目的地和传输路由进行修改，但这种修改不是经常性的，因此称为半永久性交叉连接或半固定交叉连接。

（1）数字数据网的构成。DDN 的构成主要包括以下 4 个部分：

1）本地传输系统。本地传输系统指的是从用户端至本地局之间的数字传输系统，即用户环路传输系统。用户环路的一端是数据业务单元（DSU），另一端是位于本地局内的用户线路终端设备。DSU 可以是调制解调器或基带传输设备，也可以是时分复用、话音和数字复用等设备，其主要功能是业务的接入和输出。

2）复用及数字交叉连接系统（即 DDN 节点）。在数字数据传输系统中，数据信道的时分复用器也是分级实现的。第 1 级先把来自多条不同速率的用户信号经线路终端设备和组件对象模型（Component Object Model，COM）统一转换成 64 kb/s 的通用零次群信号（DSO 信号），经交叉连接按 X.50 标准复合成 64 kb/s 的零次群集合数据流，称为子速率复用；第 2 级是将 DQ MUX 输出的 64 kb/s 的集合数据流 DSO 信号进一步按 32 路 PCM 系统的格式进行时分复用，局间传输还可以再向高次群复用。

3）局间传输和同步定时系统。局间传输包括从本地局至市内中心局之间的市内传输，以及不同城市的中心局和中心局之间的长途传输。数字数据传输系统是同步时分复用系统，因此需要定时系统。

4）网络管理系统。网络管理系统即网络管理中心（NMC），它可以方便地进行网络结构和业务的配置，实时地监视网络运行情况，进行网络信息、网络节点告警、线路利用情况等的收集以及统计报告。

（2）数字数据网的结构形式。

1）DDN 的节点类型。从组网功能上分，DDN 节点可分为 3 种：2 M 节点、接入节点和用户节点。2 M 节点用于网上的骨干节点，执行网络业务的转换功能，并提供 2 Mb/s 接口，对 $N \times 64$ kb/s 的信号进行复用和交叉连接。接入节点主要为 DDN 各类业务提供接入功能，对小于 64 kb/s 子速率信号复用和交叉连接，并提供帧中继业务和压缩语音/G3 传真用户入网。用户节点主要为 DDN 用户入网提供接口，并进行必要的协议转换。

2）DDN 的网络结构。DDN 一般为分级网。在骨干网中设置若干枢纽局（汇接局），枢纽局间采用网状连接，枢纽节点具有 E1 数字通道的汇接功能和 E1 公共备用数字通道功能。汇接指的是节点间的连接有一个从属关系，高等级节点在其服务范围内汇集所管辖的低等级节点业务；反之，两个低等级节点的用户通信都要经过高一级的节点转接来完成。非枢纽节点应至少与两个方向节点连接，并至少与一个枢纽节点连接。根据网络的业务情况，DDN 可设置二级干线网和本地网。

3）DDN 的基本功能层结构。按照网络的基本功能，DDN 可以分为三层：用户接口层、接入层和核心层。用户接口层为用户入网提供适配和转接功能，如小容量时分复用设备等。接入层为 DDN 各类业务提供速率复用和交叉连接、FR 业务用户接入和本地 FR 功能，以及压缩话音和 G3 传真用户入网。核心层以 2 M 电路构成骨干节点核心，执行网络业务的转接功能，其中包括 FR 业务的转接功能。

（3）数字数据网提供的业务。DDN 的基本业务就是向客户提供多种速率的数字数据专线服务，这种业务在数据通信领域的应用最为普遍，可以替代在模拟专线网或电话网上开放的数据业务，广泛应用于银行、证券、气象、文化教育等需要做专线业务的行业，适用于局域网（LAN）与广域网（WAN）的互联、不同类型网络的互联以及会议电视等图像业务的传输，同时，为分组交换网用户提供接入分组交换网的数据传输通道。此外，DDN 还可以提供话音、数据轮询、FR、VPN、G3 传真、电视会议等服务，而且 DDN 还可提供多点专线业务。

（4）数字数据网的特点。由于 DDN 采用的是半永久性交叉连接，因此它克服了数据通信专用链路固定性永久连接的不灵活性和分组交换网处理速度慢、传输时延大等缺点。归纳起来，DDN 具有以下特点：

1）传输速率高，网络时延小。在 DDN 内的数据交叉连接复用设备能提供速率为 $N\times$（64 kb/s ~2 Mb/s）的数字传输信道，而且由于 DDN 采用的是半永久性交叉连接，因此网络时延小。

2）传输质量好。采用数字信道传输，沿途可每隔一定距离加上一个再生中继器，使信道中引入的噪声和信道失真不会造成累积，因此信号传输的质量好。

3）协议简单，传输透明。DDN 采用交叉连接技术和时分复用技术，由智能化程度较高的用户终端设备来完成数据通信规程和协议的转换，本身不受任何规程的约束，因此，DDN 是全透明传输网，面向各类数据用户。

4）连接方式灵活。DDN 可以支持数据、话音、图像传输等多种业务，不仅可以和用户终端设备进行连接，也可以和用户网络连接，为用户提供灵活的组网环境。

5）电路可靠性高。DDN 通常采用多路由的网状网拓扑结构，当中继传输段中任意一个节点发生故障时，只要不是最终一段用户线，节点均会自动迂回，而不会中断用户的端到端数据通信。

6）网络运行管理简便。采用网管对网络业务进行调度监控，能迅速生成业务。

（5）数字数据网的应用。DDN 非常适合用于数据信息流量大的数据通信场合，由于 DDN 的信道传输带宽可按 $N \times 64$ kb/s 随意设定，因此，当相对固定的两点间或多点间数据通信业务量较大、传输数据信息所需带宽大于 64 kb/s 时，在相对固定的时间内，可以设置专用数据传输通道和信道带宽。DDN 的主要应用有以下几个方面：

1）DDN 可为用户提供专用的数字数据信道。由于 DDN 中没有交换机，因此它相当于是专用的数字数据信道，实际是利用数字交叉连接设备建立的半固定连接的数字数据信道。利用 DDN 可以为各用户之间提供专用的数字数据信道，用户之间可以通过 DDN 实现快速、高效的数据传输。

2）DDN 作为一种传输网络，可为公用数据交换网提供交换节点间的数据传输信道，即两个交换机之间的传输手段采用 DDN。由于采用了 DDN，因此可以保证交换节点之间数据传输的可靠性、高效性和快速性。

3）DDN 可提供将用户接入公用数据交换网的接入信道。用户终端经租用专线入网的方式有 3 种：基带传输、频带传输和数字数据传输。当采用 DDN 作为将用户接入公用数据交换网的接入信道时，与采用模拟传输技术的频带传输相比，具有传输质量高、信道利用率高等优点，而且可省去调制解调器。

4）利用 DDN 进行局域网的互联。局域网通过网桥或路由器接入 DDN，其互连接口采用 ITU-TG.702、V.35 或 X.21 标准。网桥的作用是将局域网在链路层上进行协议转换而使之互相连接起来；路由器具有网际路由选择功能，通过路由选择可转发不同子网的报文，通过路由器，DDN 可实现多个局域网互联。

4．以太网技术

以太网最初是美国 Xerox 公司和斯坦福大学合作于 1975 年推出的一种

局域网规范。1990 年，交换型以太网得到了发展，并先后推出了 100 M 的快速以太网、1 000 M 的千兆位以太网和 10 000 M 的万兆位以太网等更高速的以太网技术。以太网的帧格式特别适合于传输 IP 数据包。随着互联网的快速发展，以太网被广泛使用。

（1）以太网的媒体访问控制方式。以太网的媒体访问控制方式是以太网的核心技术，决定了以太网的主要网络性质。在公共总线或树状拓扑结构的局域网上，通常使用带冲突检测的载波监听多路访问（CSMA/CD）技术。CSMA/CD 技术又称为随机访问或争用媒体技术，它讨论网络上多个站点如何共享一个广播型的公共传输媒体，即解决“下一个该轮到谁往媒体上发送帧”的问题。CSMA/CD 技术是一种完全分布的控制方法，没有任何集中控制部件和公共定时单元，对网络上的任何工作站来说，不存在预知的或由调度来安排的发送时间，每一站的发送都是随机发生的，网上所有站都在时间上对媒体进行争用。若在同一时刻有多个工作站向总线发送信息，就会发生冲突，因此必须制定一个处理过程，以解决要发送信息的工作站当发现媒体忙时应怎样工作，以及当发生冲突时应怎样解决的问题。

CSMA/CD 的规则为：①如果媒体空闲，则传输；②如果媒体忙，一直监听直到信道空闲，马上传输；③如果在传输过程中检测到冲突，则立即取消传输；④发生冲突以后，等待一段随机时间，再试图传输（重复第①步）。

（2）以太网的组成及协议结构。

1）以太网的组成。10Base-T 以太网由集线器、网卡和双绞线组成。10 Base-T 表示 10 Mb/s、基带传输、用双绞线连接。在以太网物理结构中，一个重要的功能块是编/译码模块；另一个重要的功能块称为“收发器”，它主要是向媒体发送信号和接收信号，并识别媒体是否存在信号和识别碰撞，一般置于网卡中。集线器的主要功能是媒体上信号的再生和定时、检测碰撞、端口扩展。

2）以太网的协议结构。以太网的网络体系结构是以局域网的 IEEE 802 参考模型为基础的，所有的以太网都遵循 IEEE 802.3 标准。IEEE 802 参考模型与开放系统互连参考模型（OSI-RM）的区别有：①IEEE 802 用带地址的帧来传送数据，不存在中间交换，不要求路由选择，因此不需要网络层，在局域网中只保留了物理层和数据链路层；②数据链路层包括媒体接入控制（MAC）子层和逻辑链路控制（LLC）子层。MAC 子层负责媒体访问控制，以太网采用竞争方式，对于突发式业务，竞争技术是合适的。LLC 子层负责没有中间交换节点的两个站之间的数据帧的传输。它必须支持链路的多址访问特性；可以利用 MAC 子层来摆脱链路访问中的某些细节；必须提供某些属于第 3 层的功能，不但要有差错、流量控制功能，还要有复用、提供无连接的服务或面向连接的服务等功能。

第二节　通信技术的发展趋势

一、宽带化发展

提高信息速率、获得更宽的带宽，可以说是通信技术发展中的永恒主题。通信网络各个环节所应用的技术都在追求更宽的带宽，这与计算机行业中，对于硬件处理能力的追求是非常类似的。CPU 的最高主频，总是在不断被刷新，无论是用户还是互联网网络公司的技术人员，都在不停地追逐这一数字，尽管很多时候我们并不需要这么强大的计算机能力。归纳起来，推动传输带宽的增长主要来自以下动力：

第一，更为丰富的通信业务。显然，当运营商开通了新业务，肯定会要求更高的带宽。

第二，通信业务的更高质量。例如，拨号上网用户对于 56 kb/s 调制解调器的传输能力感到不满，转而要求使用可达数 Mb/s 带宽的非对称数字用户线（ADSL）业务。

第三，来自设备制造商的推动。由于技术发展本身的内在推动力，当一种产品问世之后，总是会去研发它的后续产品。例如，实用的密集波分复用（DWDM）产品的传输能力迅速地从 10 Gb/s、40 Gb/s 发展到现在的 80 Gb/s 和 160 Gb/s。另外，设备制造商也需要不断有新的技术来推动市场的发展以及运营商的设备更新。

二、广泛化发展

通信已经日益渗透到了人们生活的每一个角落，通信技术将会以很多令人意想不到的方式渗透到各个行业中，它与我们的日常生活也会结合得日趋紧密，将会在潜移默化中改变我们的生活，这必然对通信技术的发展提出了全新要求。

从通信环境上来说，要实现在任意时间、任意地点和任何人的通信，也就是尽量为人们的通信行为赋予更大自由度，使之不受到某一具体通信技术的约束。例如，从固定通信网到移动通信网进而到无处不在的可佩戴式通信设备的发展，即充分体现了任意地点这一要求。再比如说，不同网络间互联互通技术的发展，则是实现了和任何人通信这一要求。这既包括不同运营商之间同一通信技术之间的互通，也包括不同通信技术之间的融合（如已经出现的固话短信、无线公话等技术）。

从通信技术的载体，也就是可以进行通信的设备来看，越来越多的设备具有通信能力，可以进入通信网络中，这一变革极大地拓展了通信业务可能的应用范围。未来的通信设备，将不只是电话这样传统意义上的通信设备，随着 IPv6 的应用，甚至可以为一个烹饪设备加入通信能力并分配 IP 地址，这样就可以在网上遥控家中的厨房。此外，很多这样的设备也可以自发地组织成一个局部的网络。例如，在智能家庭环境中，家中所有的音响设备可以组成一个网络，通过这一网络，不同设备之间可以任意交换音乐文件或者为音乐播放自动选择最为合适的音响设备。

总之，更多的设备具有通信能力，也必然要求设计全新的业务模式，这也会推动新应用的产生。

三、多样化发展

对于用户来说，通信的根本目的是获取信息并进行有效使用，对于这些信息，他们甚至不会关心信息的具体获取方式。另外，通信向其他领域的渗透会产生新的应用，现有的人机交互手段，已经严重限制了这些应用的产生与使用。例如，手机对于很多人来说，已经不只是一种通信工具，它已成为一种日用必需品，围绕手机的各种应用具有广阔的发展前景，但手机的输入（多数手机只具有简单的数字小键盘输入）输出（面积小而且分辨率、色彩质量不高的显示屏）严重限制了这些新应用，很多操作较为复杂的应用就很难移植到手机平台上来。目前，绝大多数国际领先的通信研究机构，特别是研究用户终端设备的研究机构，先进的人机交互技术无一例外都是他们的重要研究方向。未来的人机交互方式会有以下几个发展方式，我们应该有所认识和了解。

第一，通过包括视觉、味觉、嗅觉等在内的多种感知方式来完成通信。目前对于通信所获得信息的利用，还局限于视觉（如上网）和听觉（如电话)，更多、更丰富的感知方式将使得通信设备可以和用户进行更为复杂的信息交互。

第二，已有的“多媒体”概念将得到进一步发展。综合动画、声音、图像、文本等多种交互手段在内的多媒体业务，显然是一个更为实际的概念，它更接近我们目前的应用水平。目前已经有了不少多媒体业务可供使用，如彩铃、彩信、视频电话、视频会议等。

第三，人机交互方式的发展，目的是提供能够更好地为人们服务的通信业务。从本质上讲，人机交互方式越接近人类熟悉的认知方式，用户从中获得信息就越容易，基于这些人机交互方式构造的业务也就更容易为人接受。在这一点上，通信技术的发展与其他很多技术有着类似的需求。

四、综合化发展

传统的通信网络基本上是一个单一业务的网络，话音、数据、视频等多种业务在传输上是分开的，用户通常也把它们分别作为独立的业务来使用。

多种业务的综合不仅可以向用户提供更有吸引力的应用，也能够为运营商提供更多的收入。但是，多业务并不是原有的单一业务的简单叠加，它在很多方面对原有的通信技术与网络都提出了新的挑战。

目前，很多运营商都面临着“带宽过剩”的问题，包括国际线路、国内骨干网，甚至某些城市的城域网，都存在这一问题。很多运营商也在不断推出各种的新业务来“填满”这些带宽。但是，在这些业务中仍然缺乏“杀手级”应用，一个显著的原因就是很多新业务、综合业务的提供，并没有以吸引用户、方便用户为出发点，而是仅仅为了填补过剩的带宽。提高网络资源利用率固然重要，但新业务并不应只是原有业务的简单叠加。

从传输技术的角度来看，原有以单一业务为主的网络基本上是将不同的业务分别传送，甚至可以对不同的业务使用不同的传输技术，而在综合业务的环境下，就必然面对多种业务数据同时传输的问题。一方面，不同的通信业务，它们属性是不相同的，这些属性包括带宽、时延、时延抖动、误码率、丢包率等。以时延为例，话音业务对于时延要求显然是最严格的，视频业务其次，而数据业务（如拨号上网）可以容忍几秒甚至十几秒的时延。另一方面，已有网络多是针对单一业务传输而设计的。例如，公用电话交换网络（PSTN）、全球移动通信系统（GSM）网络的设计主要针对话音业务，IP 网络的设计主要针对数据业务。在已有的这些网络之上提供多种业务也是对通信技术的一个非常巨大的挑战。

从管理角度来看,多种业务运营仍然会要求一个统一的管理与支撑环境。用户会要求得到统一计费话单，运营商也希望能够集中地、统一地管理这些业务。此外，多种业务的运营也会涉及不同的政策制定者和管理机构。

五、应用中心化发展

无论是通信网提供的多业务传输能力，还是终端提供的多种人机交互方式,其最终目的都是为了能够设计更吸引用户的应用,从这个意义上说,通信技术的发展只是提供了实现各种应用的平台。

（一）未来通信网络技术要求

（1）骨干网络。在未来的骨干网络中，高带宽是最基本的要求，其次还要求具有为不同业务类型提供服务质量（QoS）保证的能力。另外,灵活、智能化的管理手段也是不可或缺的，这些管理手段包括统一的运营支撑系统、开放的应用编程接口等，以方便业务的提供。

（2）接入网络。首先仍然是带宽问题，目前实现了宽带接入用户仍只占很小的比例；其次用户使用终端的业务能力会有很大差别，这一点也必须被充分考虑。

（二）新业务的提供

一个很好的通信平台也需要好的业务来实现它的价值，从某种意义上说，开发新业务的难度并不亚于通信技术的研发。对于未来通信业务的发展，目前主要有以下两种观点。

1. 以网络运营商为主导

这种观点是指由网络运营商来负责设计业务，并组织相关资源。这有助于网络运营商抓住通信业务价值链的核心部分，这样的运营商也被称为“强势”运营商。

2. 以内容提供商为主导

这种观点是指运营商只提供基本的技术平台，而由内容提供商设计业务并作为业务运营的主导。目前中国移动、中国联通等以短信为平台开展的各项业务均属于这一类型。

第三节 无线通信技术与系统分析

一、无线通信技术的基本原理

（一）无线通信的起源与发展

无线通信比有线通信的起步稍晚一些。20 世纪初，发明家把长波无线电信号从英国传送到了加拿大，实现了横跨英吉利海峡和大西洋的通信。这些成功的案例使无线电被广泛用于船只与船只之间以及船只与海岸之间利用莫尔斯电码进行的通信。一个世纪以来，无线通信技术的发展为人类带来了收音机、电视、移动电话和通信卫星等。

第二次世界大战大大地刺激了无线通信技术的发展，其中包括可以在战场上携带的报话机。战后，移动式无线通信系统得到了快速发展，并且很快从军用转为民用。世界上第一个蜂窝无线服务系统在日本安装，紧随其后的是北美服务系统。蜂窝电话系统与先前的无线电话服务系统相比，有一个很大的不同，就是它的每个发射器的功率被设计得相当小，使得它的覆盖面也很小，被称为“蜂窝”。许多小蜂窝的使用，使得频率可以在小范围内得到重复使用。当然，移动电话可以在进行交谈时从一个蜂窝移动到另一个蜂窝。实际上，这种切换（蜂窝交替）在一次谈话中可以发生好几次。由于计算机技术的发展，我们能够跟踪并完成所有这些切换，才有了今天使用的蜂窝电话系统。最初的蜂窝电话系统使用的是模拟调频发射方式，不过现在使用的是更高保密性和带宽效率更高的数字调制移动电话系统。

现代的蜂窝网络不再是单一的，由国际电信联盟开发制定的全球移动联网的无线通信网络，主要有 20 世纪 80 年代欧洲的全球移动通信系统（GSM）以及 90 年代初北美的码分多址（CDMA）无线通信系统。21 世纪初，国际电信联盟制定了第三代全球移动通信标准 IMT-2000，主要内容包含三大技术标准，即欧洲的宽带码分多址（WCDMA）技术标准、北美的 CDMA2000 技术标准、中国的时分同步码分多址（TD-SCDMA）技术标准。三大技术标准各有特点，即将组建全球宽带移动通信网络，构建一个覆盖全球的无线通信世界。

（二）无线通信系统

最基本的无线通信系统由发射器、接收器和通常作为无线连接的信道组成。由于无线电不能直接使用如人类语音那样的低频，因此需要在发射器中将传递的低频信息加到高频载波信号上，这个过程叫作调制。通过调制也可以使多个信息信号共用一个无线信道，只要对每个信息信号使用不同的载波频率即可。调制的逆过程叫作解调，它是在接收器中进行的，目的是恢复出原始信息。

单工通信系统，通信只有一个方向，即从发射器到接收器。广播系统即属此例，只不过它的每个发射器可对应许多个接收器。人们学习研究的大多数系统都是双向通信的，除非特别申明。双向通信就是可以双向同时进行信息交换，称为全双工通信。普通的电话即是全双工通信的例子，当两个人通话时，它们可以同时说话和聆听对方说话。

有些双向通信不要求在两个方向上同时进行通信，称为半双工通信。通过无线电台、步话机等进行交谈即是半双工通信的例子，操作员按下按钮开始说话，然后释放按钮开始接听。半双工系统由于使用同一信道进行双向通信，因此节省了带宽。由于它将一些电路部件用在收发器中，既用于接收也用于发射，所以价格也较低廉。不过，它牺牲了全双工通信所体现出的一些自然性。

全双工和半双工通信系统仅用于两个用户之间的通信。当有多个用户同时使用时，或者当两个用户相距遥远，彼此不能直接通信时，就需要其他形式的通信网络。网络可以有多种形式，最常用和最基本的无线通信结构可能是经典的星形网络。位于该网络中央的集线器类似于中继器，它由发射器和接收器组成，它们在天线的位置选择上考虑了能够较好地将来自一个移动无线设备的信号中继到另一个移动无线设备。中继器也可以连接到有线电话或数据网。

（三）信号和噪声

每个通信系统在许多方面都有不同的特点，但是有两个方面它们是一样的：一个是它们都有信号传输，用于承载有用信息；另一个就是它们都有噪声，产生于各个噪声源，并且进入系统，使信号变形，降低了通信质量。保持一个足够高的信号与噪声之比，是通信系统设计工作的基础。这个信号与噪声之比称为信噪比（SNR），单位一般为分贝（dB），它是所有通信系统的一个很重要的指标。

1．信号调制

假设需要将一个高频信号调制到一个低频基带信号上，正弦波的一般方程如下：

$$e(t)=E_c\sin(\omega_c t+\theta) \tag{3-1}$$

式中：$e(t)$ 为瞬时电压，是时间的函数；E_c 为载波的峰值电压；ω_c 为载波频率（rad/s）；t 为时间（s）；θ 为相位角（rad）。

从式（3-1）可以看出，一个正弦波只有幅值 E_c、载波频率 ω_c 和相位角 θ 3 个可变参数。这 3 个参数可以两两或全部同时发生改变，例如，在数字通信中经常需要同时改变信号的幅值和相位角。一旦决定改变或者调制正弦波信号，就会使该波形复杂化。这样，在信号中存在的就不止一种频率，因此就要占用带宽。

2．信号噪声

如果伴随信号的噪声太强，使得从发射器传到接收器的信号难以提取，则信号的发送就是失败的。所有的电子系统都会受到噪声的影响，而噪声的产生可以有许多噪声源，噪声的一个主要来源是热噪声。任何材料处于绝对温度以上时，其分子的随机运动都会产生热噪声。系统运动时的热噪声功率与其带宽成正比，表达式如下：

$$P_N=kTB \tag{3-2}$$

式中：P_N 为噪声功率（W）；$k=1.38\times10^{-23}$（J/K），为波尔兹曼常数；T 为绝对温度值（K）；B 为噪声功率带宽（Hz）。这里的“带宽”指的是所观测到的噪声的频率范围。如果系统的带宽是无限的，则从理论上来说其噪声功率也将是无限的。当然，实际的系统不可能有无限的带宽。

3．信噪比

对于任何一个通信系统来说，保持一个合理的信号功率与噪声功率之比是至关重要的。有两种显而易见的方法可以提高信噪比，即增加信号功率或减小噪声功率。减小噪声功率就要求限制带宽，而且如果可能的话，还要减小系统的温度。系统的带宽必须足够大，以便能够把信号的带宽包括进去，但同时也不应过大。因此在给定功率和带宽的情况下，有些信号调制方案在发送信息方面就会比另一些方案更加有效。

（四）频率域信号

1．信号的有限带宽

许多信号都有理论上无限大的带宽。限制信道的频率响应将会去掉一些频率分量，并使信号的时域表示失真。非均衡的频率响应将会突出一些分量，而牺牲另一些分量，这也会造成失真。非线性的相位移动也将影响信号的时域表示。尽管理论上要求的是无限的带宽，但是方波（矩形波）是由有限带宽的信号得到的。一般地，带宽越宽越好，但是具有有限带宽的信号也能得到所需的结果。这一点很重要，因为实际系统的带宽总是有限的。

2．噪声功率谱密度

噪声功率与带宽成正比，这意味着每赫兹带宽中有相等的噪声功率。有时这种噪声称为白噪声，也就是说它包含所有的频率，就像白光包含所有颜色的光一样。实际上，可以讨论噪声功率谱密度，表示每赫兹带宽的功率(W)。其公式的推导很简单，下式给出的是带宽为 B 时的总噪声功率。若要计算每赫兹的功率，只需除以带宽即可得到更加简单的公式：

$$N_0=kT \tag{3-3}$$

式中：N_0 为噪声功率谱密度（W/Hz）；k 为波尔兹曼常数，$k=1.38\times10^{-23}$ J/K；T 为绝对温度（K）。

（五）无线电频谱

1．无线通信的频谱

无线电波是一种电磁辐射，红外线、可见光、紫外线以及 λ 射线均属此类，它们之间的不同之处是波的频率。当前用于无线通信的频谱范围已经从约 100 kHz 扩展到了约 50 GHz。对于任何波来说，其频率和波长的关系式如下：

$$v=f\lambda \tag{3-4}$$

式中：v 为波的传播速度（m/s）；f 为波的频率（Hz）；λ 为波长（m）。

在自由空间（空气一般可近似于自由空间）中传播的无线电波的速度等于光速 c，$c=300\times10^6$ m/s。则式（3-4）可以写成：

$$c=f\lambda \tag{3-5}$$

2. 信号的带宽约束

几乎任何通信系统中所使用的载波都是正弦波。正弦波由于只有一个频率，因此它的带宽为0。不过，只要对信号进行了调制，则其带宽就会增加。

无线系统中的带宽总是稀缺资源，对于一个给定的系统来说，并不是所有的频率都有用。另外，噪声对于信号所起的退化作用也随着带宽的增加而增加。因此，在大多数通信系统中，尽可能地将带宽限制在一定的范围内是非常重要的。有一个与带宽、时间和信息量有关的一般性法则，称为哈特利法则。哈特利法则适用于所有通信系统的运行。这一法则的公式如下：

$$I=ktB \tag{3-6}$$

式中：I 为待传输的信息量（b）；k 为常数，取决于调制方案和信噪比；t 为时间（s）；B 为带宽（Hz）。

虽然没有精确的量化方法来给出信息量 I 或常数 k，不过该方程的一般形式是指导性的，它告诉我们，信息传输速率与通信系统所占有的带宽成正比。为了在给定的时间内传输更多的信息，就需要更大的带宽（或者更为有效的调制方案）。

3. 频谱资源的再利用

无线系统的频谱空间几乎总是供不应求，甚至对通信带宽做了尽可能严格的限制，但仍然满足不了越来越多的通信量。当然，在一个区域中用于某一目的的频谱，可以再用于另一个区域中的一个不同的目的，只要两个区域之间相距足够远，使得信号无法从一个区域到达另一个区域，或即使能够到达也没有足够的能力引起无法接受的干涉。具体到相距多远合适，取决于许多因素，如发射器功率、天线增益和高度、所使用的调制类型等。近来的许多系统，比如蜂窝电话，在获得可靠通信的同时，自动地将发射器功率减小到最低级别，因此，能够使频率在很小的距离内得到重复利用。这种方案能够有效地使用频谱。

二、无线通信技术在智能变电站自动化系统中的应用

（一）智能变电站自动化系统无线技术需求

智能变电站自动化系统应具有对站内一次、二次设备的状态参数进行采集和测量，对设备运行进行监控和记录，以及对设备具有自动化控制或远方遥控的功能。此外，当站内的电气设备或输、配电线路发生故障时，

能及时记录和上传故障信息，并能与上级调度进行双向通信和执行调度下达的各项指令，故在智能变电站自动化系统中，存在“四遥”信息、视频监控信息、故障录波信息、继保信息等的传输需求，下面主要从智能变电站自动化系统信号传输需求出发，对智能变电站中无线通信技术进行应用场景分析，并简要阐述限制无线通信技术在智能站中应用的主要因素。

1．智能变电站自动化系统信号传输需求

目前，电网调度平台业务主要有：环境监测系统、继电保护故障信息管理系统、在线动态安全评估及决策系统、电能质量监测与分析系统、在线预决策稳定控制系统、输电地理信息系统（GIS）、调度运行管理系统、雷电定位监测系统、气象卫星云图系统、能量管理系统（EMS）、故障录波系统、电网备用调度自动化系统、电能量计量系统（TMR）、检修票管理系统、广域相量测量系统（WAMS）、电力市场技术支持系统、电网动态监视预警系统、继电保护定值管理系统、电力设备远程监测诊断中心系统、调度管理信息系统（DMIS）、变电站视频及环境监控系统、继电保护定值整定计算系统等。

变电站站内业务主要有电能质量分析、电网运行数据采集和控制、在线状态监测、电能量采集、视频监控、安全稳定控制、继电保护、远方控制通信等。在系统建设的规范化和标准化等方面，如系统名称、功能定位等都非常不同。而且，各个业务之间不可避免地存在一定的关联，在电力调度端内部、各级调度端之间或者调度端与厂站端之间也不可避免地存在数据交互的需求。

智能变电站是电力系统的重要组成部分，继保、稳控等系统可以单独完成信息采集及遥控。然而，电气设备的状态、保护控制等信息需要传送给站内监控系统后台和调度端作为相关系统的基础数据。为了避免数据传输孤岛，对智能变电站自动化系统提供的数据提出了适应不同业务需求的数据类型和数据质量的要求。

2．智能变电站自动化系统无线通信需求

在通电状态下的电力设备会造成各种的电磁干扰。在智能电网中，各种以计算机技术和电力电子技术为基础的自动化设备（如继电保护设备、监控系统设备、通信设备）是比较容易受到电磁干扰的对象。这些设备在受到干扰后，非常容易出现误动、拒动或者出错等非正常工作状态，甚至有可能会造成内部元器件或电气设备的损坏。目前，随着电压等级的提高、监测设备的应用以及保护装置就地安装等技术的采用，导致电磁干扰更加强烈。智能电网自动化设备必须在电磁兼容方面有更高的要求才能满足目前的发展趋势。

在电力系统中，影响无线通信技术的电磁干扰种类主要有辐射电磁场干扰、无线电干扰、电晕干扰、闪电干扰等。在信息的采集和传输过程中，应用于电力系统的无线通信技术，有可能受到电磁干扰而导致误差或元件损坏，所以能够承受电力系统在运行情况下产生的电磁干扰是无线通信技术能在智能变电站自动化系统中推广应用的前提条件。

智能电网中的各个节点都有信息采集的需求。并且，根据不同的信息传输场景对应着不同的信息采集需求，无线通信技术在电网中各个环节的各种典型应用需求如下：

（1）发电环节：火电厂监测输煤系统、火电厂监测发电机状态、风力发电厂监测风机状态、水电厂监测汽轮机状态、光伏发电厂监测太阳能电池板状态和蓄电池状态、智能巡检数据传输、故障监测。

（2）输电环节：智能巡检、故障监测、输电杆塔环境监测、输电线路环境监测、视频数据、静态图片数据。

（3）变电环节：变电站一次设备、二次设备状态监测，变电站环境监测，智能巡检，故障监测，无人值守变电站视频监控和安防监控数据。

（4）配电环节：配电设备状态监测，一次、二次设备状态监测，配电线路环境状态监测，微电网环境状态监测，智能巡检，故障监测。

（5）用电环节：智能大楼、智能家庭、智能企业等用户设备数据传输，电动汽车充电桩电源数据传输，智能电表数据传输，微电网状态监测及故障监测，智能巡检。

（6）信息通信：通信电源监测、光缆监测、核心通信设备监测、机房环境监测。

在目前智能边站建设集约化的趋势下，保护装置就地安装等技术的应用，无论选择何种无线通信技术，较强抗干扰能力已经是相关的无线通信设备在智能变电站中推广所必备的条件，以保证通信的可靠性和准确性。此外，无线设备也应具有较低的电磁干扰的特点，不能对其他设备产生二次干扰。

在应用无线通信技术方面，目前变电站自动化系统中试点和部署的应用主要包括以下七点：

（1）防误系统应用。无线防误系统当中主要配备了无线电脑钥匙、无线传输适配器、防误设备、无线基站等设备，防误主机与电脑钥匙进行有效的对接，电脑钥匙能够接收到所在区域一次设备的状态，能够有效地进行后续阶段的智能解锁。相关人员在处理的过程中，若是需要向所在区域操作隔离开关，在此装置妥善完成最终的调试以后，电脑钥匙会向主控室的防误主机发送信息来确认该设备是否需要对当前阶段所在的位置展开调整，若没有出现这一步则要持续等待，通过这种方式可切实可行地协调处理好具体操作过程当中所存在的一系列不足之处。相关工作人员在所在区域进行处理，当遇到电动设备要在监控后台上操作时，电脑钥匙能够在所在地区无线基站与防误主机的联通下开展信息交流，并能明确地传送要处理的具体设备，由防误设备通过一定的操作来解除之前的封锁状态，并在之后通过远程监控来对相关设备进行处理，如此便能够切实可行地避免有关的工作人员在以往操作处理的整个阶段当中耗费较多的时间成本和体力支出，并且能够切实可行地去把控整个操作过程的安全性和可靠性。

（2）地线应用。临时接地线（简称地线）是在整个业务运行的阶段当中确保人身安全、避免出现一系列相对较为危险且容易出现十分不良影响的相对较为常见的安全设备。现阶段，采用地线柜来调试接地线的用户数量比较多，然而，这种方式在一定程度上存在局限性，即所包括的功能相对较为单一，不能够对这部分线路进行管理。同时部分产品还存在单一的提示地线在柜中的存放状态，然而并不能够闭锁地线，并对其具体的操作情况展开相应的监测和管理。无线网络技术在涉及智能地线操作的整个过程中能够灵活地进行地线状态跟踪，由此确保整个操作过程的安全性。

（3）在线监测应用。无线技术能够进一步运用在变电站的在线监测领域当中，比如说通过无线网络与温度传感器结合的方式，能够灵活地对有关的高压电缆接头、高压开关触点等处的温度进行监控，同时能够切实可行地避免由于触点温度变化而引起的一系列安全事故的出现。另外，电力设备等相关设备的运行情况均能够利用相对应的传感设备和无线网络，经过一定的信息整合后传送至特定的后台进行综合分析，并完成最终的调控，为进行相关维修提供更为全面的信息参照。

（4）工区作业安全。变电工区是相对而言比较不安全的区域，若是缺乏良好的管理机制，非常容易出现一系列的因为变故而导致的对人身安全造成的隐患，所以务必要对此进行人员管理。变电站安全作业导航就是主动对其靠近危险作业区域进行主动警示提示的实时监测系统。传输终端与基站存在相似之处，沿着巡检路线部署于目标区域及其附近危险点的监测区域，并且在与其余形式的终端形成规范系统的网络格局后，采集整合有关数据信息并整合所在区域的相关信号数据。感应终端能够在规定的时间内向特定的终端传送指定的信号，当网络系统接收到这部分信息数据后，即通过无线方式上传到指定的平台。通过一定的定位算法的进一步操作处理便能够明确工作人员所在的区域，同时把有关的资料数据信息展示给相关人员。当工作人员进入违禁区域时，系统会做出预警提示，有关负责人能够就警报进行有效的控制和调控。

（5）变电站智能巡检。变电站智能巡检系统整合机器人、导航定位、模式识别等技术，使得整个操作过程更加可靠。同时，有关的机器人会通过特定的技术来归纳整合相关的具体操作信息，并上传到指定的平台进行深入的探究。

（6）变电站视频监测。和输电过程类似，在关键区域必须配备相关的视频监测装置，通过特定的设备来录制相关的视频再进一步上传至主站，在整个监测的过程当中需要确保数据的连续性和能够远距离进行控制，同时还要达到指定的视觉可见度要求，因此务必确保在当前阶段的所有相关通信系统中能够达到预期设定的标准要求。同时，在一系列相关的巡检阶段当中，会有一部分到达现场的移动终端和临时安装的视频监测点加入监测网络，对于这一类通信并不做过多的标准要求，相对来说所制定的标准更加宽泛。

（7）智能变电站新应用。2009 年年末，国家电网公司正式启动智能变电站的推广任务，并且明确阐述了建设智能辅助调控机制的构想，涉及图像监视安全警卫子系统、环境监测子系统等，这部分操作平台的创建在一定程度上为日后进一步完善无线通信技术奠定了良好的发展平台。同时，该公司开启创建智能变电站建设的新阶段，新型变电站的构建在整个阶段当中，逐步开始意识到创建无线通信技术的关键意义，并重点就短距离技术在具体应用的稳固性和创新性方面上展开了进一步的讨论。综合来看，当前阶段的智能变电站必须配备功能更加完备的传感器，需要进一步提高无线通信技术的可靠性。智能变电站在进一步提升自身的技术性的同时，更加侧重关注制定构建标准的框架和相关协议。

（二）智能变电站自动化系统无线技术与 LPWAN 物联网

1．智能变电站自动化系统无线技术

在智能变电站中，一次设备、二次设备在线监测，温/湿度监测，SF6

气体监测，智能巡检，故障监测，视频监控和安防监控数据等存在无线通信应用需求，下面根据每一类应用的特点和部署场景，综合考虑网络覆盖范围、传输速率、无线通信终端取电以及移动性的要求，对每一类应用的无线技术选用提出建议。

（1）智能变电站的环境监测。智能变电站环境监测主要是指对变电站的二次设备室、电容器室、站用变室、配电装置室等重要设备间配置温/湿度传感器；在电缆层、电缆沟等配置水浸传感器；在 GIS 室、SF6 断路器开关柜室部署 SF6 泄漏传感器等。智能变电站环境监测的通信数据量小、需要长期运行，且监测节点需分开部署，需要定期上传数据，基于低功耗广域网（LPWAN）的物联网无线技术，覆盖范围广、成本低、功耗小（电池取电即可使用长达 10 年），十分适合于这样的场景。另外，基于 WIA-PA 的低速、高可靠短距无线通信技术由于其工业级的设计，能够在极其恶劣的环境下工作，在智能变电站环境监测中，也可考虑采用该无线技术部署无线网络。

（2）智能变电站设备状态的监测。智能变电站设备监测主要是指对变电站的一次设备和二次设备进行监测，主要包括电力变压器监测、避雷器状态监测、接地电流监测、电缆测温监测等，为了实时掌握站内设备状态，该设备状态类监测装置通常安装在被监测设备附近，通信数据量小、需长期运行，无线终端取电相对困难（如避雷器通常安装在室外、电缆测温传感器通常需安装在无便利电源点的位置），电磁干扰相对较大，对于此类应用，本书建议采用多种无线技术融合的方式，如：电力变压器监测、避雷器监测由于电磁干扰是影响无线应用的最主要因素，采用基于 WIA-PA 的低速、高可靠短距无线通信技术，以保障通信质量为主要目标；接地电流监测、电缆测温监测等，则采用 LPWAN 的物联网无线技术，确保通信质量的同时，以覆盖范围广、部署方便为目标。

（3）智能变电站的智能巡检。智能变电巡检类应用主要包含两方面的内容：一是巡检时对各种不同类型设备的认知和识别；二是巡检时对巡检人员/巡检机器人的定位和巡检设备的定位。对于巡检时设备的认知和识别，可采用无线射频识别技术；对于巡检人员/巡检机器人的定位和巡检设备的定位，则需根据该区域主要无线技术的部署，选择合适精度的定位技术。如只需对巡检人员进行粗定位，考虑到基于射频识别（RFID）技术的无线定位成本低、定位时间短，可在恶劣的环境下工作，故可采用巡检系统中的无线射频技术，对巡检人员或机器人进行定位。

（4）智能变电站自动化系统控制应用。在智能变电站系统中，除了对设备、环境进行监测外，对其的自动控制也是自动化系统的主要内容，在这类应用中，要求数据速率高、实时性强。如果使用有线的通信技术部署变电站内的分布自动化控制类设备的网络，将会大量使用电缆，造成工作量大、投资量大等缺点，而且在变电站后期改造工程及维护的施工量都较大，可考虑采用基于WIA-PA的高速无线通信技术以及光无线通信技术互备的通信方式，为自动化系统控制类应用提供稳定高速通信网络的同时，降低原有设计的布线复杂度。另外，窄带物联网（NB-IoT）技术由于在已有蜂窝移动系统上平滑升级，在频繁通信需求的情况下也能保障通信质量和通信速度，在自动化系统控制类应用中，也可考虑采用该无线技术。

2．LPWAN 物联网无线技术

LPWAN 物联网是由电池供电的低功耗、低速率、低成本的远距离通信技术。NB-IoT 与 LoRa 是其中的典型代表，也是最有发展前景的两个低功耗广域网通信技术。这两种 LPWAN 技术虽然都有覆盖广、连接多、速率低、成本低、功耗少的特点，但是 NB-IoT 采用的运营商频段需与现有运营商蜂窝基站复用，而 LoRa 技术使用的未授权频段，需独立部署网络。NB-IoT 技术与运营商复用基站，所有数据需先经过运营商，考虑到智能变电站自动化系统对安全防护的要求，国家能源局和国家电网没有放开相关标准，本节将主要介绍以独立部署网络为特征的 LoRa 物联网技术。

（1）LoRa 的技术特点。LoRa 技术使用线性调频扩频调制技术，在保持频移键控调制技术低功耗特性的同时，其链路预算明显地增加了无线传输的距离。不同扩频序列的采用，使不同 LoRa 终端即使使用相同的频率承载信号，也不会相互干扰，保障了通信系统的传输质量。基于自适应数据速率机制，LoRa 可对每一个网络节点的速率、功率、带宽和扩频因子等进行优化，可将节点的接收电流降至 10 mA，将休眠电流减至 200 nA 以下，从而延长电池的使用寿命（理论上，电池使用寿命可长达 10 年以上）。另外，LoRa 网关的引入，解决了多个节点数据的并行处理和接收问题，大大地拓展了 LoRa 无线传输系统的容量。

（2）LoRa 的网络结构。LoRa 主要运行在全球免费频段（即非授权频段），包括 433 MHz、470 MHz、868 MHz、915 MHz 等频段。LoRa 网络主要由终端节点（内置 LoRa 模块）、网关、网络云和应用服务器四部分组成，该结构能很好地实现数据的双向传输。内置 LoRa 模块的终端节点，使用 LoRa 线性扩频技术，集成物理层、数据链路层以及应用层等功能的实现，支持点对点的远距离传输。LoRa 网关主要负责在物理层实现终端节点数据的接收和转发，网关可对多路数据的并发问题进行处理，并通过高速以太网技术或无线技术，建立与网络云在数据链路层的通信连接。网络云一般包含网络服务器，主要从数据链路层对网络进行管理，包括自适应速率、网关管理、进程管理和安全管理等。应用服务器则从具体的应用出发，对传感器数据进行安全加解密，以及分析处理和展示等。

（3）LoRa 的节点工作模式。在 LoRaWAN 协议里，LoRa 终端节点可分为 3 种工作模式，分别为模式 A、模式 B 和模式 C。在模式 A 工作模式下，监测目标的工作状态时唤醒，非工作状态下休眠，只有在设定的时间才接收网关的工作指令，功耗非常低。模式 B 兼顾实时性和低功耗，在固定周期内可以随机确定窗口期接收网关下发的数据，但对时间同步要求很高。模式 C 是常发常收模式，终端节点随时可以接收网关下行数据，实时性最好，适合不考虑功耗或需要大量下行数据控制的应用。

（4）LoRa 的安全机制。LoRaWAN 在网络结构上使用了网络层安全和应用层安全两层安全机制，一方面保证了网络节点的安全可靠，另一方面确保了数据的完整性。从安全手段来说，LoRaWAN 主要采用了双向认证、完整性校验以及保密机制等技术。双向认证发生在网络连接的过程中，只有已授权的终端节点才能与真实的网络进行对接。另外，LoRaWAN 使用 AES 加密语句（AES-CMAC 用于完整性保护、AES-CTR 用于加密），提供了终端节点设备和服务器之间的端到端的数据加密机制，数据链路层和应用层的数据/消息在生成时即经过认证、完整性保护和加密，故终端用户不需要部署额外的安全层。

在 LoRa 扩频技术中主要由扩频因子、扩频带宽和编码率 3 个参数决定了 LoRa 无线传输系统的抗干扰能力和无线数据的传输速率。扩频因子是码分多址中的一个重要参数，它是码片速率/符号速率得到的值，扩频因子越大，系统的抗噪声能力越强。另外，不同的扩频因子之间相互正交，只有无线传输系统的发射端和接收端采用相同的扩频因子，才能实现相互通信。

为了提高 LoRa 无线传输系统的检错和容错能力，LoRa 引入了基于循环冗余校验（CRC）的前导纠错处理，但同时降低了有效数据的传输率。

另外，扩频带宽也是影响传输速率和抗干扰能力的一个重要参数，在编码率和扩频因子都不变的情况下，增加扩频带宽，能够有效提高数据的传输速率，但同时由于速率提高，会导致接收灵敏度的下降。

（三）智能变电站自动化系统无线应用系统架构

智能变电站自动化系统无线通信技术的主要应用包括一二次设备状态在线监测和运行环境监测（如温/湿度监测、SF6 监测）、GIS 局部放电监测等监测类应用，移动巡检与定位等巡检类应用，以及分布式控制与检测系统等三大类应用。下面分别针对上述三类应用，研究其无线通信网络部署及典型应用架构。

1. 设备/环境监测应用系统架构

传统变电站在线监测系统基于有线通信，安装和维护费用高、升级困难、灵活性和可扩展性受限。因此，采用成本低、安装方便、部署灵活的无线监测系统是一个很好的选择。无线传感器网络的低成本、自组织、动态拓扑、与应用紧密相关的特点使其非常适合用于电网无线监测和诊断系统，有广阔的应用前景。但是由于变电站的电磁环境干扰众多，监测点位置部署错综复杂（包括室内室外、地上地下等各个角落），监测设备种类繁多且异构多样，故在无线监测类应用中应充分考虑该无线技术的抗干扰能力，且无线网络应具有较高的实时性、同步性，能够满足各种监测数据的需求；能兼容多种数据报文，具有很强的数据融合能力。

变电站现场根据实际需要布置有多个无线通信网关，而且具有高速以太网接口。间隔层的无线通信网关与过程层的各类无线监测装置通信，分别构成多个单独的无线通信网络，不同的网络由于使用不同的通信信道和网络 ID，可确保各个网络之间不会存在干扰；间隔层的无线通信网关与站控层的通信基站可实现无线通信和以太网通信的自动切换。各种无线监测终端根据安装位置和监测装置及选用无线技术的特点选择供电方式，如避雷器监测终端采用太阳能供电或电池供电、线缆测温采用感应取电/温差取电供电或电池供电等。无线通信网关可安装在变电站现场智能控制柜中，从智能柜电源头柜内部取电。

上述无线通信系统可以保证电力设备的安全经济运行以及及时发现故障安排检修，充分利用无线通信技术可以真正做到电力设备的状态检测和状态检修，提高电力资产的利用率。

2．基于无线的监控系统架构

变电站的监控系统用于保障变电站的稳定运行，并且在故障发生时能够及时保护电气设备与切除故障点断路器，最大限度减小变电站内的故障区域，使得电网因故障而受到的损失降低到最小。目前智能变电站的监控系统的通信网络通常是基于以太网的有线传输网，而且主要采用双星形网络的结构。采用有线的数据传输方式构建变电站内的监控系统网络由于需要使用大量光缆或电缆，所以具有工程量大、成本高的缺点，而且在变电站故障排除与设备改造上相比无线通信方式，工作量和工作难度都较大。根据电力行业规范 DL/T 860 的要求，变电站监控系统的数据传输时间依据不同的等级而有不同的要求，保护与控制中的报文的传输时间要求为 2 100 ms。然而，目前在工业领域使用较为成熟的基于 IEEE 802.15.4 的低速短距离无线技术在带宽和速率上无法满足变电站分布控制与监测系统的通信需求，阻碍了变电站内分布控制与监测的无线化进程。

无线通信网络在智能变电站监控系统中的应用方式为无线通信设备与监控端智能电子设备集成，组成基于无线的智能电子设备。智能变电站无线系统前端的监控智能电子设备与前端的电流互感器和断路器等被监测和控制设备连接，接收电流互感器等被监测设备上传的数据信息，发送控制命令给断路器等被控制设备。当前端监控智能电子设备接收到前端电流互感器监测到的短路电流等故障信息后，通过无线通信方式与本间隔的无线接入点/通信网关通信，无线接入点/通信网关向本间隔断路器智能电子设备发送保护信息，断路器智能电子设备接到信息后及时执行相应控制保护操作，断开线路断路器，保护其他线路及变压器等一次设备不受短路电流冲击。同时，间隔内故障信息通过无线接入点/通信网关上传至后台的监测服务器。

3．基于巡检和定位类应用的无线系统架构

基于巡检和定位类应用的无线系统架构是一个复杂且关键的系统，它涉及多个方面的技术和设备的使用。下面从数据采集、信息处理、定位系统和无线通信等方面，对这种系统架构进行分析与阐述。

在巡检和定位类应用中，数据采集是至关重要的第一步。这涉及使用各种传感器、摄像头等设备来收集环境数据、人员信息等。例如，在隧道施工中，摄像头可以监控现场施工情况，传感器可以监测空气质量、水位等信息。这些数据需要通过无线传输设备实时传输至后台管理系统。收集到的数据需要进行处理和分析，包括数据压缩、数据传输、数据分析和数据可视化等环节。例如，在巡检过程中，通过无线传输设备实时将采集的数据发送给后台管理系统，后台系统对数据进行处理和分析，并将结果反馈给相关人员。通过这种方式，可以实时掌握隧道内的施工情况、人员分布等信息。在巡检和定位类应用中，定位系统起着至关重要的作用。这涉及使用全球定位系统（GPS）、北斗卫星导航系统（BDS）、格洛纳斯导航卫星系统（GLONASS）等来确定人员或物体的位置。例如，在隧道施工中，通过使用 GPS 和 BDS 等技术，可以精确确定人员和设备的位置，提高救援和安全救护的效率。无线通信是实现基于巡检和定位类应用的无线系统架构的关键环节。这涉及使用无线局域网（WLAN）、蓝牙（Bluetooth）等技术进行通信。例如，在隧道施工中，通过使用 WLAN 和蓝牙等技术，可以实现隧道内和隧道外之间的无线通信，确保信息的实时传输和沟通。

第四节　光纤通信技术的原理与应用

数据通信的传输依赖于物理通信信道，光纤通信技术具有大容量、远距离、高可靠、低成本等显著优势，已经成为数据核心网络的主要技术。下面围绕光纤与光纤通信、光纤通信器件、光纤通信技术在输电线路微机保护装置中的应用展开论述。

一、光纤与光纤通信

（一）光纤的结构与类别

1．光纤的结构

光纤是光纤通信的主要传输媒质，它是一种截面很小的可绕透明长丝，在长距离内具有束缚和传输光的作用。光纤是圆截面介质波导，由纤芯、包层和涂敷层（或称保护层、防护层）构成。纤芯由高度透明的材料构成；包层的折射率略小于纤芯，从而可以形成光波导效应，使大部分的光被束缚在纤芯中传输；涂敷层的作用是增强光纤的柔韧性。此外，为了进一步保护光纤，提高光纤的机械强度，一般在带有涂敷层的光纤外面再套一层热塑性材料构成套塑层（或称二次涂敷层）；在涂敷层和套塑层之间还需填充一些缓冲材料构成缓冲层（或称垫层）。光纤的几何尺寸很小，纤芯直径一般在 5~50 μm 之间，包层的外径为 125 μm（包括涂敷层），整个光纤的外径也只有 250 μm 左右。

2. 光纤的类别

（1）依据光纤构成的原材料分类。根据光纤构成的原材料的不同，光纤可分为石英系光纤、多组分玻璃光纤、塑料包层光纤、全塑光纤。

1）石英系光纤。石英系光纤以高纯度的二氧化硅（SiO_2）材料为主，为了改变折射率，中间掺有适当的杂质。掺锗和磷使折射率增加，掺硼和氟使折射率降低。这种光纤损耗最低、强度和可靠性最高，是目前光纤通信中主要使用的光纤。

2）多组分玻璃光纤。多组分玻璃光纤一般用钠玻璃掺有适当杂质制成，这种光纤的损耗较低，但可靠性不高。

3）塑料包层光纤。塑料包层光纤的纤芯用石英制成，包层是硅树脂。

4）全塑光纤。全塑光纤的纤芯和包层均由塑料制成，这种光纤的损耗较大，可靠性也不高。

（2）依据光纤横截面的折射率分布分类。根据光纤横截面的折射率分布的不同，常用的光纤可以分成阶跃折射率分布光纤（简称阶跃型光纤）、渐变折射率分布光纤（简称渐变型光纤）和其他型光纤。

1）阶跃型光纤。阶跃型光纤又称均匀光纤，光纤纤芯的折射率为 n_1，包层的折射率为 n_2，纤芯和包层的折射率都是均匀分布的，折射率在纤芯和包层的界面上呈台阶型突变。目前，单模光纤多属于此类，最早的多模光纤也属于此类。

2）渐变型光纤。渐变型光纤又称非均匀光纤、梯度光纤，包层折射率为 n_2，是均匀分布的，但纤芯的折射率 n_1 却随着纤芯半径 r 的增大而按一定规律缓慢地、逐渐地减小，是非均匀且连续变化的。目前，多模光纤均属于此类。

3）其他型光纤。其他型光纤中较典型的是三角形折射率光纤。三角形折射率光纤简称为三角形光纤，其纤芯折射率分布曲线为三角形，是一种新型单模光纤。

按光纤包层的不同，还可以分为单包层型光纤、双包层型光纤、四包层型光纤（各包层的折射率不同）等。最简单的是单包层型光纤，其余几种类型均为新型单模光纤，但现已不强调其剖面折射率，只强调其性能。

（3）依据光纤中的传导模式数量分类。光是一种电磁波，它沿光纤传输时可能存在多种不同的电磁场分布形式（即传播模式），能够在光纤中远距离传输的传播模式称为传导模式。根据传导模式数量的不同，光纤可分为单模光纤和多模光纤两类。

1）单模光纤。此类光纤中只传输一种模式，即基模（最低阶模式）。单模光纤的纤芯直径极小，约为 4~10 μm，包层直径为 125 μm，通常纤芯的折射率是均匀分布的。由于单模光纤只传输基模，避免了模式色散，大大加宽了传输带宽，因此适用于长距离、大容量的光纤通信。

2）多模光纤。在一定的工作波长下，光纤中传输的模式不止一个，即在光纤中存在多个传导模式，则这种光纤称为多模光纤。多模光纤的纤芯可以采用阶跃分布（均匀分布），也可以采用渐变分布（非均匀分布），前者称为阶跃型多模光纤，后者称为渐变型多模光纤。阶跃型多模光纤的纤芯直径一般为 50~70 μm，包层的直径为 100~200 μm。由于纤芯直径较大、传输模式较多、存在模式色散，因此这种光纤的传输性能较差、带宽较窄、传输容量也较小。渐变型多模光纤的纤芯直径一般也为 50~70 μm，这种光纤频带较宽、容量大，是 20 世纪 80 年代初采用较多的一种光纤形式，因此，多模光纤一般指的就是渐变型多模光纤。

由于光纤制造技术的不断进步，单模光纤具有显著的优越性，且成本与多模光纤相当，因此目前单模光纤得到了广泛应用。

（二）光纤通信的特点与波长

1．光纤通信的特点

光纤通信是以光波为载频，以光导纤维为传输媒质的一种通信方式。光纤通信与电通信方式的差异主要有两点：一是用光频作为载频传输信号；二是用光导纤维构成的光缆作为传输线路。因此，在光纤通信中起主导作用的是产生光波的光源（主要是激光器）和传输光波的光导纤维。

光纤通信的光源主要采用半导体激光器，它产生的激光发光面积很小，输出稳定而且方向性极好，激光可以运载巨大的信息量。光纤是一种介质波导，具有把光封闭在其中并沿轴向进行传播的导波结构，典型的光纤由直径约为 0.1 mm 的细玻璃丝构成。

光纤通信的基础理论源自英籍华人高锟在 1966 年发表的论文《光频率介质纤维表面波导》，他提出用石英玻璃纤维（光纤）传送光信号可实现长距离、大容量通信。1970 年，损耗为 20 dB/km 的光纤研制成功，引起了整个通信界的震动，世界发达国家开始投入巨大力量研究光纤通信。1980 年，第一代商用的光纤通信系统诞生，以波长为 0.8 μm 的砷化镓激光作为光源，传输速率达 45 Mb/s，采用多模光纤，每 10 km 需要一个中继器增强信号。第二代光纤通信系统采用 1.3 μm 的磷砷化镓铟（InGaAsP）激光器和单模光纤，在 1987 年速率达到 1.7 Gb/s，每 50 km 需要一个中继器增强信号。第三代光纤通信系统采用波长为 1.5 μm 的激光作光源，速率达到 2.5 Gb/s，中继器间隔可达 100 km。

近年来，随着掺铒光纤放大器（EDFA）和波分复用（WDM）技术的突破，光纤通信系统的容量和传输距离得到了极大的提高。在现代通信系统中，光纤通信得到了飞速的发展，其应用范围之广是通信史上罕见的，可以说光纤通信技术是世界新技术革命的重要标志，是未来信息社会中各种信息网的主要传输工具。光纤通信具有以下独特的优点：

（1）传输的频带宽，信息容量大。由于光波的频率很高，具有很宽的传输带宽，比微波频率高 103~104 倍，因此理论上光纤通信的容量与微波通信的容量相比大约可增加 103~104 倍。在实际应用中由于受到光电器件特性的限制，传输带宽比理论上要窄得多，但现在已发展到几十 Gb/s 的光纤通信系统，它可传输几十万路电话和几千路彩色电视节目，是目前通信容量最大的一种通信方式。与电缆相同，可将几对甚至上百对光纤组成一根光缆，传输容量会进一步增大。光纤通信适合高速、宽带信息的传输，特别是在高速通信干线和宽带综合业务通信网中发挥了重要作用。

（2）光纤的传输损耗低，传输距离远。就目前来看，使用的光纤均为石英系光纤，要减少光纤损耗，主要是靠提高玻璃纤维的纯度，目前可以制造出纯度极高的玻璃纤维，因此光纤的损耗可以做得极低，可低至 0.2 dB/km，已接近理论极限值。由于光纤的损耗低，因此中继距离长，在通信线路中可以减少中继站的数量，既降低了成本，又提高了通信质量。例如，对于速率为 400 Mb/s 的信号，光纤通信系统可达到 100 km 以上的无中继传输距离，而同样速率的同轴电缆通信系统的无中继传输距离仅为 1.6 km 左右。

（3）抗电磁干扰性能好，通信质量高。光纤由电绝缘的石英材料制成，光纤通信线路不受各种电磁场的干扰和闪电雷击的损坏，特别适合于有强电磁场干扰的高压电力线路周围和油田、煤矿等易燃易爆环境中。

（4）线径细，质量轻，便于铺设。由于光纤的直径很小，只有 0.1 mm 左右，因此制成光缆后直径要比电缆细，因而质量轻，有利于长途和市话干线铺设，而且便于制造多芯光缆。

（5）保密性好。光在光纤中传播时几乎不向外辐射，因此在同一光缆中，数根光纤之间不会相互干扰，即不会产生串话，也难以窃听，因此光纤通信与其他通信方式相比具有更好的保密性，这也是它对军事应用具有吸引力的一个方面。

（6）资源丰富，节约金属材料，有利于资源合理利用。制造同轴电缆和波道管的铜、铝、铅等金属材料在地球上的存储量是有限的，而制造光纤的主要原料石英则是地球上最丰富的物质之一。随着光纤通信技术的推广，将会节约大量的有色金属材料，对合理使用地球资源有一定的战略意义。

（7）光纤不会锈蚀，寿命长。用石英玻璃制成的光纤不会像金属导线那样有被锈蚀的危险，因此，光纤的使用寿命长。一般认为光缆具有更强的适应环境变化和抗腐蚀的能力，寿命为 20~30 年。

2. 光纤通信的波长

光波是一种电磁波，其波长在微米级，频率为 1 012~1 016 Hz 数量级。紫外线、可见光、红外线都属于光波范畴。目前光纤通信使用的波长范围是在近红外区内，即波长为 0.8~1.8 μm，可分为短波长波段（0.8~1.0 μm）和长波长波段（1.0~1.8 μm）两部分。目前光纤通信使用的波长选择在两个波段的低损耗点，即短波长波段的 0.85 μm、长波长波段的 1.31 μm 和 1.55 μm，这是目前光纤通信所采用的 3 个通信窗口。

二、光纤通信器件

（一）有源器件

1. 光发射机

在光纤通信系统中，光发射机的作用是将电信号变换成光信号，然后送入光纤线路进行传输。光发射机的组成主要包括输入电路（输入盘）和电/光转换电路（发送盘）两大部分。

（1）输入电路。

1）均衡器。对于使用不同速率的光端机，原国际电报电话咨询委员会

（CCITT）[现改组为国际电信联盟（ITU）电信标准化部门，简称 ITU-T] 规定了系列数字接口的码型，以 2.048 Mb/s 为基群速率的数字系列各比特率所规定的接口码型见表 3-1。

表 3-1 数字复接等级对应的接口码型

群路等级	一次群（基群）	二次群	三次群	四次群
接口速率/（$Mb \cdot s^{-1}$）	2.048	8.448	34.368	139.264
接口码型	HDB_3	HDB_3	HDB_3	CMI

由 PCM 光端机送来的 HDB_3 或 CMI 码流首先要进行均衡，用以补偿由电缆传输所产生的衰减或畸变，以便正确译码。

2）码型变换和复用。码型变换的作用是将均衡器输出的 HDB_3 码（三值双极性码）或 CMI 码（RZ 码）变换为二进制单极性码（即 NRZ 码），以方便处理。

3）扰码。若信码流中出现长连“0”或长连“1”的情况，将会给时钟信号的提取带来困难。为了避免出现这种情况，需要加一扰码电路，它可以有规律地破坏长连“0”或长连“1”的码流，从而达到“1”等概率出现。

4）编码。编码是对经过扰码后的信码流进行编码，使其变换为适合在线路中传送的线路码型。

5）时钟提取。由于码型变换和时钟提取过程都需要以时钟信号作为依据，因此在均衡电路之后，由时钟提取电路提取 PCM 中的时钟信号，供码型变换和扰码电路使用。

（2）电/光转换电路。

1）光源。光源是发射机的关键器件，在很大程度上决定着光发射机的性能，其功能是把电信号转换为光信号。光纤通信系统对光源的要求可以概括为以下方面：

A. 光源的发射波长应该与光纤的低损耗窗口一致，即中心波长应在 0.85 μm、1.31 μm 和 1.55 μm 附近。

B. 电/光转换效率要高，即要求在足够低的驱动电流下，有足够大而稳定的输出光功率，以满足系统中继距离的要求，一般以数十微瓦至数微瓦为宜。

C. 光源的光谱线宽要窄，即光谱单色性要好，以减小光纤色散对信号传输质量的影响。

D. 调制方法要简单，且响应速度要快，以满足高速率传输的需要。

E. 与光纤之间的耦合效率要高，当光纤数值孔径一定时，光源的发射角要小，这样才能有较强的方向性，使能量集中注入光纤。

F. 体积小、质量轻、寿命长，工作稳定可靠，必须保证能够在室温下连续工作，工作寿命一般在 10 万小时以上。

目前，满足上述要求的光源器件主要有半导体激光器（LD）和半导体发光二极管（LED），它们都属于半导体器件，分别在不同的光纤通信系统中用作发射机的光源。

在半导体材料中，原子按一定的规则紧密地排列在一起。由于电子的共有化运动，使得能级产生了分裂，并形成了能带。晶体中电子填充能带遵守泡利不相容原理和能量最小原理。低能带首先被占满，称为满带；价电子占据的能带称为价带；价带上面的自由电子占据的能带称为导带；导带和价带之间是不能被电子占据的禁带。导带和价带之间的能量差称为禁带宽度，通常用 E_g 表示，即

$$E_g = E_c - E_v \tag{3-7}$$

式中：E_c 为导带底的能量；E_v 为价带顶的能量。

一般来说，处于高能态（导带）的电子是不稳定的，它们会向低能态（价电子）跃迁，将能量以光子的形式释放出来，这种发光过程可以通过自发辐射和受激辐射两个基本形式进行。但受激辐射的产生还必须有光场的激发，自发辐射则不需要。LED 的基本工作原理是自发辐射，自发辐射产生的是非相干光；LD 的基本工作原理是受激辐射，受激辐射产生的是相干光。

LD 要产生稳定的激光振荡必须满足一定电流阈值条件和相位条件。由于激光器有源区内各种损耗机制和谐振腔的存在，激光器的注入电流必须大于一定值时才能产生激光振荡，这一最小注入电流就是激光器的阈值电流。此外，激光振荡还必须满足谐振腔决定的相位条件。

LED 是非阈值器件，其发光功率随工作电流的增大而增大，近似地呈线性。LED 与 LD 在材料、异质结构上没有很大差别，在结构上的主要差别是 LED 没有光学谐振腔，不能形成激光。与 LD 相比，LED 的突出优点是寿命长、可靠性高、调制电路简单、成本低，因此 LED 在一些传输速率不太高、传输距离不太长的系统中得到了广泛应用。

2）光源驱动与调制电路。光源驱动与调制电路是电/光转换电路的核心，它用经过编码后的数字信号来调制发光器件的发光强度，完成电/光转

换任务。

光调制是用待发送的电信号控制光载波的某一参量（如光强度等），使之携带发送信息的过程，也就是完成电/光转换的过程。根据调制与光源的关系，光调制可分为两大类：直接调制和间接调制。

直接调制方法仅适用于LED和LD，这种方法是把要传送的信息转变为电流信号注入LED或LD，从而获得相应的光信号，因此是采用电源调制的方法。直接调制后的光波电场振幅的平方正比于调制信号，是一种光强度调制的方法。根据待发送电信号的不同，直接调制又可分为数字信号调制和模拟信号调制。

间接调制是利用晶体的电光效应、磁光效应、声光效应等性质来实现对激光辐射的调制，该方法既适用于半导体激光器，也适用于其他类型的激光器。间接调制最常用的方法是外调制，即在激光形成以后加载调制信号，具体方法是在激光器的外光路上放置调制器，在调制器上加调制电压，使调制器的某些物理特性发生相应的变化，则激光得到调制。间接调制的方法是用集成光学的方法把激光器和调制器集成在一起，用信号控制元件的物理性质，从而改变激光输出特性以实现调制。

直接调制方法具有简单、经济、易于实现的优点，是光纤通信系统中常用的一种调制方式。但是对LED进行直接调制时，激光器的动态谱线加宽，使单模光纤的色散增加，限制了光纤的传输容量，因此，为了消除动态谱线加宽对高速光纤通信系统的影响，在高速长距离光纤通信系统中一般采用间接调制的方法。

3）控制电路。LD是高速传输的理想光源，但LD对温度很敏感，且随着激光器的老化，其输出功率也将减小，因此，稳定激光器的输出光信号是非常重要的问题。温度的变化和器件的老化导致LD不稳定的主要表现有两个：①激光器的阈值随着温度和器件的老化而变化，从而使输出光信号的光功率发生变化；②激光器的发射中心波长随温度的升高向长波长漂移。控制电路的作用就是消除温度和器件老化的影响，稳定输出光信号，目前主要采用的稳定方法有自动温度控制（ATC）和自动功率控制（APC）。

4）辅助电路。电/光转换电路除了包含上述各部分电路外，还有一些辅助电路。

A. 光源过流保护电路。为了使光源不致因通过大电流而损坏，一般需采用光源过流保护电路措施，可在光电二极管上反向并联一只肖特基二极管，以防止反向冲击电流过大。

B．无光告警电路。当光发射机电路出现故障、输入信号中断，或激光器失效时，都将使激光器“较长时间”不发光，此时延迟告警电路将发出告警指示。

C．LD 偏流（寿命）告警。随着使用时间的增长，光发送盘中的 LD 管的阈值电流也将逐渐加大，因此，LD 管的工作偏流也将通过 APC 电路的调整而增加，一般认为当偏流大于原始值的 3~4 倍时，激光器寿命完结。由于这是一个缓慢的过程，因此发出的是延迟维修告警信号。

2．光接收机

光接收机是光纤通信系统中的一个重要组成部分，其作用是接收经光纤传输率衰减后的十分微弱的光信号，从中检测出传送的信息，放大后供终端处理使用。

（1）光电检测器。光电检测器的作用是利用光电二极管将由光发射机经光纤传输过来的光信号转换为电信号。目前，在光纤通信系统中广泛使用的光电检测器是半导体 PIN 光电二极管和雪崩光电二极管（APD）。

（2）前置放大器。在一般的光纤通信系统中，经光电检测器输出的光电流是十分微弱的，为了使光接收机判决电路能正常工作，必须将这种微弱的电信号通过多级放大器进行放大。放大器在将信号放大的过程中，放大器本身的电阻也将引入热噪声，放大器的晶体管将引入散弹噪声。在一个多级放大器中，后一级放大器在对前一级放大器输出信号放大的同时，也将前一级放大器引入的噪声进行了放大。因此，对多级放大器的前级（即前置放大器）的要求是有低噪声和高增益，这样才能得到较大的信噪比。前置放大器的输出一般为毫伏数量级。

（3）主放大器。光接收机中前置放大器的输出信号较弱，不能满足幅度判决的要求，因此还必须加以放大。主放大器一般是多级放大器，其作用有两个：①将前置放大器输出的信号电平放大到判决电路所需的信号电平；②主放大器是一个增益可调节的放大器，当光电检测器输出的信号出现起伏时，通过光接收机的自动增益控制电路对主放大器的增益进行调整，以使主放大器的输出信号幅度在一定范围内不受输入信号的影响。一般主放大器的峰-峰值输出是几伏的数量级，实际设备中的主放大器往往由集成电路构成。

（4）均衡器。均衡器的作用是使经过均衡以后的波形成为有利于判决的波形。具体地说就是，经过均衡以后的波形具有如下特点：在本码判决时刻波形的瞬时值应为最大值，而这个本码波形的拖尾在邻码判决时刻的瞬时值应为“0”。这样，即使经过均衡以后的输出波形仍有拖尾，但该拖尾在邻码判决这个关键时刻恰好为“0”，从而使得这种拖尾不干扰邻码的判决。

（5）判决器和时钟恢复电路。判决器由判决电路和码形成电路构成，判决器和时钟恢复电路合起来构成脉冲再生电路。脉冲再生电路的作用是将均衡器输出的信号恢复为“0”或“1”的数字信号。

为了能从均衡器的输出信号判决出是“0”码还是“1”码，首先要知道应在什么时刻进行判决，即将“混在”信号中的时钟信号（又称定时信号）提取出来，再根据给定的判决门限电平，按照时钟信号所“指定”的瞬间来判决均衡器送来的信号。若信号电平超过判决门限电平则判为“1”码，若信号电平低于判决门限电平则判为“0”码，这样就把从均衡器输出的信号恢复（再生）为“0”“1”码信号。

（6）自动增益控制。光接收机的自动增益控制就是用反馈环路来控制主放大器的增益，在采用雪崩管的接收机中还通过控制雪崩管的高压来控制雪崩管的雪崩增益。当信号强时，通过反馈环路使上述增益降低，当信号变弱时，则通过反馈环路使上述增益提高，从而达到使送到判决器的信号稳定，以利于判决的目的。显然，自动增益控制的作用增加了光接收机的动态范围。

（7）解码、解扰码、解复用和码型变换电路。为了使信码流能够高质量地在光纤中传输，光发射机输出的信号是经过码型变换电路、复用、扰码和编码处理的，这种信号经过光纤传到接收机后，还将送入PCM系统中，因此还需将上述经过码型变换电路、复用、扰码和编码处理的信号进行一系列的“复原”工作，这些将由解码、解扰码、解复用和码型变换电路来完成。

3．光中继器

在远距离光纤通信系统中，由于受发送光功率、光接收机灵敏度、光纤损耗和色散的影响，将使光脉冲信号的幅度受到衰落，波形出现失真，从而限制了光脉冲信号在光纤中的长距离传输，为了延长通信距离，需要在光波信号传输一定距离（数十至数百千米）后加入一个光中继器，以补偿光能的衰减，恢复信号脉冲的形状。

光中继器主要由光接收设备和光发送设备组成。目前采用的是传统的间接光中继方式，这种中继方式不能对光信号直接进行放大，而是采用光-电-光的转换方式，即先将接收光纤的已衰减信号用光电检测器接收，经放大和再生恢复原来的数字电信号，然后对光源进行驱动，产生光信号送入光纤。此外，为了使光中继器正常工作，便于监控、维护，还应有电源、公务、告警、监控等设备，有的光中继器还有区间通信接口，以提供一定的区间通信能力。

在光纤线路中，光信号的传输是双向的，中继器对每个传输方向都必须中继，因此，在光中继器中有两套收发设备，一套用于发送信号，另一套用于接收信号，而公务部分则是公共的。

（二）无源器件

“在光纤传输系统、光纤传感系统及检测系统中，其特性的好坏直接影响着各系统的性能指标。而随着光纤通信系统向着全光网络迅速发展，光无源器件在光链路中的使用也成为大家关注的焦点。”在光纤通信系统中包含了很多无源器件，即无须提供能源就可运行的光通信器件，主要有以下几种。

1．光纤耦合器

（1）耦合器的物理结构。光纤耦合器是把一个或多个光输入分配给一个或多个光输出，是一种实现光信号分路/合路的无源功能器件。光纤耦合器的耦合机理是基于光纤消逝场的模式理论。多模光纤与单模光纤均可做成耦合器，其物理结构主要有两种：拼接式和熔融拉锥式。

1）拼接式：将光纤埋入玻璃块中的弧形槽中，在光纤侧面进行研磨抛光，然后将经研磨的两根光纤拼接在一起，靠透过纤芯包层界面的消逝场产生耦合。

2）熔融拉锥式：将两根或多根光纤扭绞在一起，经过对耦合部分加热熔融并拉伸而形成双锥形耦合区。

耦合器的结构形式有很多种，如分路器、合路器、分波器、合波器、四端口耦合器等。

（2）常用耦合器的类型。

1）熔拉双锥星形耦合器。星形耦合器是一种 $N\times N$ 耦合器，其功能是将 N 个输入光纤的功率混合叠加在一起，再均匀分配给 N 根输出光纤，该种耦合器可用作多端功率分路器或功率组合器。星形耦合器可以由几个 2×2 耦合器组合而成，这种组合星形耦合器的缺点是元件多、体积大。而熔拉双锥星形耦合器是一种体积紧凑、单体的星形耦合器，这种耦合器的制作方法是将多根光纤部分熔化在一起，且将熔化在一起的部分进行拉伸，从而减小熔化部分的光纤直径，形成双锥形结构。熔拉双锥技术比较适合制作多模光纤星形耦合器，制作单模光纤星形耦合器的难度比较大，为此，制作单模光纤星形耦合器的方法是组合多个 2×2 单模光纤耦合器。

2）集成光波导耦合器。通过沉积、光刻、扩散等工艺技术实现的光耦合器为集成光波导耦合器。沉积是在衬底上镀膜，光刻是在所镀的膜上刻出所需的形态，扩散使光刻形成的膜层形态在衬底内形成光波导。

3）激光可变输出耦合器。两块斜面靠得很近的等腰直角棱镜，激光束通过棱镜射到斜面时，若激光束在斜面上的入射角大于临界角，两块等腰直角棱镜相邻斜面之间的空气间隙内将有一个隐失波场，由于该波场具有耦合作用，故而光波可以从一块棱镜透射到另一块棱镜。激光的透射量大小与两斜面间空气间隙的间隔大小有关，人们可以利用这一特性制作出激光可变输出耦合器。

2．光纤连接器

光纤连接器是光纤与光纤之间进行可拆卸连接的元器件，又称“活接头”，它是把光纤的两个端面精密对接起来，以使发射光纤输出的光能量能最大限度地耦合到接收光纤中。光纤连接器是光系统中使用量最大的光无源器件，广泛应用于光通信、局域网、光纤到户、高质量视频传输、光纤传感、测试仪器仪表等领域。

（1）光纤连接器的种类。现在已经广泛应用的光纤连接器种类众多，结构各异。但细究起来，各种类型的光纤连接器的基本结构却是一致的，即绝大多数光纤连接器由两个插针和一个耦合管 3 个部分组成。由两个插针和一个耦合管 3 个部分组成的连接器有 FC 型、SC 型和 ST 型，具体情况如下：

1）FC 型光纤连接器。其外部加强方式是采用金属套，紧固方式为螺钉扣。此类连接器结构简单、操作方便、制作容易，但光纤端面对微尘较为敏感，且容易产生菲涅耳反射，提高回波损耗性能较为困难。后来，对该类型连接器做了改进，采用对接端面呈凸球面的插针（PC），而外部结构没有改变，使得插入损耗和回波损耗性能有了较大幅度的提高。

2）SC 型光纤连接器。其外壳呈矩形，所采用的插针与耦合套筒的结构尺寸与 FC 型完全相同。其中插针的端面多采用 PC（凸球面）或 APC（斜面）型；紧固方式采用插拔销闩式，不需要旋转。此类连接器价格低廉、插拔操作方便、介入损耗波动小、抗压强度较高、安装密度高。

3）ST 型光纤连接器。ST 型为圆形卡口式结构，接头插入法兰盘压紧后，旋转一个角度便可使插头固定牢固，并对光纤端面施加一定的压紧力。

（2）光纤连接器的基本性能要求。光纤连接器的基本性能要求主要体现在光学性能、机械性能、环境性能、互换性、重复性等方面。

1）光学性能。光纤连接器的光学性能要求包括插入损耗、回波损耗、光学不连续、串音、环境光敏感性、带宽（仅指多模）等，其中插入损耗和回波损耗是两个最基本的参数。

2）机械性能。光纤连接器的机械性能包括轴向保持强度、端接保持力、连接和分离力（力矩）、撞击、扭转、光缆保持力、抗挤压、外部弯曲力矩、振动、冲击、静态负荷等，对于使用情况不同的各种光纤连接器，要求的重点不同。机械耐久性是指光纤连接器正常使用情况下的插拔次数，目前使用的光纤连接器一般都可以插拔 1 000 次以上。

3）环境性能。环境性能主要有高温、温度冲击、潮湿、砂尘、臭氧暴露、腐蚀（盐雾）、易燃性等。

4）互换性、重复性。光纤连接器是通用的无源元器件，对于同一类型的光纤连接器，一般可以任意组合使用，并可以重复多次使用，由此而导致的附加损耗一般小于 0.2 dB。

（3）光纤连接器的主要损耗。光纤连接器的主要损耗有固有损耗和外部损耗。

1）光纤公差引起的固有损耗。由于光纤在制作过程中会有纤芯尺寸、数值孔径、同心度、折射率分布等参数的误差，所以导致了光纤的固有损耗。

2）在加工过程中引起的外部损耗。由于在光纤连接器的装配过程中存在光纤端面间隙、光纤轴向倾角、端面加工不平整等因素，所以导致了光纤的外部损耗。

3．光滤波器

光滤波器是用来进行波长选择的器件，它可以从众多的波长中挑选出所需的波长，而除此波长以外的光将会被拒绝通过。它可以用于波长选择、光放大器的噪声滤除、增益均衡、光复用/解复用等场合。在实际应用中，用到最多的是法布里-珀罗（Fabry-Perot，F-P）滤波器。

要解释 F-P 滤波器的工作原理，首先要了解 F-P 干涉仪的工作原理。F-P 干涉仪由两块相互平行的平面镜组成，其中一块平面镜固定，另一块可以相对于固定平面镜移动，从而改变两面镜子的间距。当入射光经过由这两面镜子构成的谐振腔并反射一次后，再次聚焦在输出镜面上，就会发生干涉现象。可以利用这个原理来选择不同波长的光通过该干涉仪。

在实际应用中，上述结构的干涉仪构成的滤波器体积大，使用起来不方便。为此，人们发明了光纤 F-P 滤波器，其中两根光纤的端面就是两面镜子。其工作原理是将光纤固定在压电陶瓷上，再将外电压加载到陶瓷上，电压的不同将致使陶瓷产生电致伸缩作用，这样就可以改变光纤端面构成的谐振腔的腔长，从而可以从复用信道中提取所需要的信道。该种结构的滤波器可以做得非常小，因而其应用面更广泛。

对于无源 F-P 滤波器，因为滤波器只能允许满足谐振腔单纵模传输的相位条件的频率信号通过，所以传输特性与波长有关。它具有多个谐振峰，每两个谐振峰间的频率间距为

$$\Delta f_L = \frac{c}{2nL} \tag{3-8}$$

式中：L 为谐振腔长度；n 为构成 F-P 滤波器材料的折射率；Δf_L 为滤波器的自由光谱区（FSR）。

假设滤波器设计成只允许复用信道中的一个信道通过，当 $f_i = f_1$ 时，f_i 才可以被允许通过，而其他信道被抑制住了，无法通过。F-P 滤波器有很多优点，它的调谐范围宽、通带可以做得很窄、可以做到与偏振无关，同时还可以集成在系统内，从而减小耦合损耗。它的不足之处是调谐速度较慢。

4．光衰减器

光衰减器是用来稳定地、准确地减小信号光功率的光无源器件。光衰减器主要用于调整中继段的线路衰减、测量光系统的灵敏度、校正光功率计等方面。光衰减器分固定衰减器和可变衰减器两种。

（1）固定衰减器，其造成的功率衰减值是固定不变的，一般用于调节传输线路中某一区间的损耗。

（2）可变衰减器，其造成的功率衰减值可在一定范围内调节。可变衰减器又分为连续可变和分档可变两种。

5．光开关

光开关的功能是转换光路，实现光信号的交换，它是光纤通信中光交换系统的基本元件，广泛应用于光路监控系统和光纤传感系统。光纤通信器件包括光传输器件和光交换器件两大类。近些年，光传输器件取得了非常大的进步，光传输由 O–E–O（光–电–光）转变成 O–O–O（光–光–光），使光纤通信向全光化迈进了一大步。但是光交换器件（包括光交叉连接器、光分插复用器及基础器件光开关）基本上还是光电混合的。光开关已有一些产品问世，但还不太成熟，有待进一步完善。

光开关在光通信中的作用有三类：①将某一光纤通道的光信号切断或开通；②将某波长光信号由一光纤通道转换到另一光纤通道；③在同一光纤通道中将一种波长的光信号转换为另一波长的光信号（波长转换器）。

光开关的特性参数主要有插入损耗、回波损耗、隔离度、串扰、工作波长、消光比、开关时间等。有些参数与其他器件的定义相同，有些参数则是光开关特有的。目前，光开关主要分为机械光开关和电子光开关。

（1）机械光开关。微机电系统（MEMS）构成的微机电光开关已成为密集波分复用（DWDM）网中大容量光交换技术的主流。它是一种在半导体衬底材料上，用传统的半导体工艺制造出可以前倾后仰、上下移动或旋转的微反射镜阵列，在驱动力的作用下，对输入光信号可切换到不同输出光纤的微机电系统。反射镜的尺寸通常为 140 μm × 150 μm，可以利用热力效应、磁力效应和静电效应产生驱动力。该种 MEMS 的特点是体积小、消光比大、对偏振不敏感、成本低、插入损耗小（<1 dB），其开关时间大约为 5 ms。

（2）电子光开关。电子光开关的优点是开关时间短（毫秒到亚毫秒量级），而且体积非常小，易于大规模集成；其缺点是插入损耗、隔离度、消光比和偏振敏感性指标比较差。利用电光效应原理也可以构成波导光开关。

6．复用器

自从 20 世纪七八十年代以来，光纤通信越来越重要，已成为现代通信网的主要组成部分，主要承载着通信网的传输任务。随着社会的发展以及人们对快速传输数据的更高要求，信息传输量呈爆炸式增长，这就需要更宽的通信网带宽来满足人们的信息传输需求，进而，扩大通信容量成为人们需要马上解决的问题。波分复用（WDM）技术可以解决上述问题。该技术是在单根光纤中同时传输多个不同光波波长信道的技术，应用该技术可以使光纤传输容量成倍、成十倍、成百倍地增长。

光在 1 550 nm 这个频带内，频率的间隔和波长的间隔非常接近线性关系，100 GHz 的频率间隔反映到波长上就非常近似于 0.8 nm 的宽度；同理，50 GHz 的频率间隔反映到波长上非常近似于 0.4 nm 的宽度；200 GHz 的频率间隔反映到波长上就非常近似于 1.6 nm 的宽度。

当波长的间隔为 20 nm 左右时，WDM 被称为粗（稀疏）波分复用（CWDM）；当波长的间隔小于等于 0.8 nm 时，WDM 被称为密集波分复用（DWDM）。CWDM 和 DWDM 的主要区别分别如下：

（1）CWDM 载波通道间隔较宽，因此，同一根光纤上只能复用最多 18 个波长的光波，“粗”与“密集”称谓的差别即由此而来。

（2）CWDM 调制激光采用非冷却激光，而 DWDM 采用的是冷却激光。冷却激光采用温度调谐，非冷却激光采用电子调谐。由于在一个很宽的波长区段内温度分布很不均匀，因此温度调谐实现起来难度很大，成本也很高。CWDM 避开了这一难点，因此大幅降低了成本，整个 CWDM 系统成本只有 DWDM 的 30%。

（3）CWDM 具有低成本、低功耗、小尺寸等特征。具体来讲，WDM 是将两种或多种不同波长的光载波信号（携带各种信息）在发送端经复用器汇合在一起，并耦合到光线路的同一根光纤中进行传输的技术。在接收端，经解复用器将各种波长的光载波分离，然后由光接收机做进一步处理以恢复原信号。这种在同一根光纤中同时传输两个或众多不同波长光信号的技术称为 WDM 技术。使用 WDM 技术可以在原有传输速率的基础上成倍地扩大光纤的传输能力，对通信网络进行容量扩展。

光纤的容量是巨大的，而传统的光纤通信系统都是在一根光纤中传输一路光信号，这样的方法实际上只使用了光纤丰富带宽的很少一部分。为了充分利用光纤的巨大带宽资源，增加光纤的传输容量，以 DWDM 技术为核心的新一代的光纤通信技术已经产生。WDM 技术的主要特点如下：

（1）超大容量：目前使用的普通光纤可传输的带宽是很宽的，但其利用率还很低。使用 DWDM 技术可以使一根光纤的传输容量比单波长传输容量增加几倍、几十倍乃至几百倍。

（2）对数据的“透明”传输：DWDM 系统按光波长的不同进行复用

和解复用，而与信号的速率和电调制方式无关，即对数据是“透明”的。一个 WDM 系统的业务可以承载多种格式的“业务”信号，如 ATM、IP 或者将来有可能出现的信号。WDM 系统完成的是透明传输，对于业务层信号来说，WDM 系统中的各个光波长通道就像“虚拟”的光纤一样。

（3）系统升级时能最大限度地保护已有投资：在网络扩充和发展中，无须对光缆线路进行改造，只需更换光发射机和光接收机即可实现，是理想的扩容手段，也是引入宽带业务的方便手段，而且利用增加一个波长即可引入任意想要的新业务或新容量。

（4）高度的组网灵活性、经济性和可靠性：利用 WDM 技术构成的新型通信网络比用传统的电时分复用技术组成的网络结构得到了大大简化，而且网络层次分明，各种业务的调度只需调整相应光信号的波长即可实现。由于网络结构简化、层次分明以及业务调度方便，由此而带来的网络的灵活性、经济性和可靠性是显而易见的。

（5）可兼容全光交换：在未来可望实现的全光网络中，各种电信业务的上/下、交叉连接等都是在光上通过对光信号波长的改变和调整来实现的。因此，WDM 技术将是实现全光网的关键技术之一，而且 WDM 系统能与未来的全光网兼容，将来可能会在已经建成的 WDM 系统的基础上实现透明的、具有高度生存性的全光网络。

总而言之，WDM 技术不仅克服了传统数据传输带宽不够的难题，还是未来实现全光网的关键技术，是有效利用光纤带宽资源的重要手段，其应用前景十分广阔。

三、光纤通信技术在输电线路微机保护装置中的应用

（一）硬件电路总体设计

随着电力系统配电网结构的日益复杂，对线路保护、控制、测量、通信等功能的要求越来越高，而且由于新一代高性能微控制器 DSP 芯片的价格越来越低及使用越来越广泛，线路保护监控系统将逐步实现模块化、智能化，且功能将逐步完善。输电线路微机保护装置着重考虑了保护的特殊性和测控的实时性，摒弃了传统的 MPU+MPU 或 DSP+MPU 的结构，采用了完全 DSP 结构，由一片 CPU 担负，从而使硬件电路的复杂度降低，可靠性提高。

1．硬件总体结构

输电线路微机保护装置采用 6U 高度，10 in 标准机箱。机箱采用整体面板以及大背板结构，面板背后还有一块人机界面（MMI）板，用于人机对话。机箱采用背插式结构，强电由背板引入，弱电在前板连接，实现强弱电分开，以提高装置的抗干扰能力；采用 16 位 DSP 作为保护 CPU，以提高运算速度和计算精度。光纤通信采用 64 kb/s 的高速数据通信接口，使用专用光纤通信。此光纤为单模光纤，波长为 1.310 μm，接口类型为 FC，适用于长度小于 40 km 的线路。

2．微控制器与光纤通信模块的选择

（1）微控制器的选择。随着电力系统对线路保护监控系统的快速性、实时性及可靠性要求越来越高，传统的单片机内核由于计算能力的局限，面对高要求已经力不从心，于是寻求新的微控制器取代传统单片机应用于微机线路保护监控系统中是一种必然的发展趋势。随着 DSP 技术的不断发展和成熟，特别是其价格越来越低，基于 DSP 的微机线路保护监控系统的开发是大势所趋。本装置的微控制器选用了 Motorola 公司生产的 DSP56800 系列产品的 07 芯片——DSP56F807，选择该芯片作为变压器保护装置的微处理器最主要的原因是它具有丰富的 I/O 口和多种外围设备，在单一的 DSP 芯片上集成了通用 I/O 模块 GPIO、异步串行通信模块 SCI、同步串行外设模块 SPI、同步串行通信模块 SSI、控制器局域网模块 CAN2.0A/B、多路 A/D 变换模块、定时器模块 Timer 等多种外设模块，实现了完全的单片化。而且它还不同于其他公司的 DSP 产品，很少需要甚至不需要外加功能模块就可以进行开发；使用 JTAG 口，几乎不需要硬件支持；到 PC 的接口只需要 1 片 74HC244 用于 5 V 到 3 V 的电平转换，然后接到 PC 的并口上就可以了。这就构成了一个最简单的 DSP 硬件平台。

DSP56F807 属于 Motorola DSP 产品中的低价位芯片，可以处理 16 位数字信号，采用 56800 Hawk V1 内核。此内核主要由算术逻辑单元（ALU）、地址生成单元（AGU）、程序控制单元（PCU）、总线和位操作单元、片上仿真单元 OnCE 和内部总线等部分组成。

算术逻辑单元包括 3 个 16 位的输入寄存器 X_0、Y_0 和 Y_1，2 个 32 位的累加器 A（A_0 和 A_1）和 B（B_0 和 B_1），2 个 4 位的累加器扩展寄存器 A_2 和 B_2，1 个数据限制器和 1 个并行的乘法累加单元 MAC 等部分。

地址生成单元包括 4 个地址寄存器 R_0~R_3、1 个堆栈指针寄存器 SP、1

个偏址寄存器 N、1 个调整寄存器 M01 和 1 个模运算单元。

程序控制单元包括 1 个循环地址寄存器 LA、1 个循环计数寄存器 LC、1 个状态寄存器 SR、1 个操作方式寄存器 OMR、1 个程序计数器 PC、1 个硬件堆栈 HWS、1 个指令解码器和 1 个中断控制单元。

另外该内核还具有 3 条内部地址总线 XAB_1、XAB_2 和 PAB，4 条内部数据总线 CGDB、PDB、PGDB 和 XDB_2，分别对应于内部的数据和程序存储器操作。其中，XAB_1、XAB_2、CGDB 和 XDB_2 对应数据存储器的操作，PAB、PDB 对应程序存储器的操作。由于采用的是双哈佛结构，具有独立的数据和程序存储空间，每部分存储空间具有专用的地址和数据总线，所以允许对程序和数据存储器并行操作。该芯片在 1 个指令周期内，有时可以并行地处理 1 条指令和 2 个内部存储器数据的读操作。当对外部存储器进行操作时，只有 1 条地址总线和 1 条数据总线，此时不能进行并行操作，并且只有 XAB_1 和 PGDB 可以对外部存储器进行操作。

位操作单元可以对数据存储器、寄存器中的内容进行位检测、置位、位清零或是位翻转操作；OnCE 片上仿真单元允许用户检查寄存器、片上外设寄存器和存储器的内容，在程序和数据存储器中设置断点、支持单步运行指令等。

（2）光纤通信模块的选择。光纤通信模块选用的是网动光电的 NTR-2122，它是 NTR-2100 系列产品之一。此系列产品专为低速率数据通信设计的光收发一体 TTL 电平模块，支持 DC~500 kb/s 传输速率。该系列模块采用 5 V 电压供电，具有低功耗、极高的可靠性和稳定性等特点，是低速率数据通信、监控系统和光纤 modem 设计的最佳选择。该系列模块根据不同的设计要求，可提供直插式（SC）、螺纹式（FC）和卡扣式（ST）光接口连接界面；并可提供 20~60 km 的传输距离。根据本装置的技术要求，选择此系列的 NTR-2122。它的光纤类型是单模（SM），波长为 1 310 nm，传输距离为 40 km，接口类型为 FC。

（二）系统软件设计与开发

1．软件总体结构设计

在基于巡检和定位类应用的无线系统架构中，软件总体结构设计是非常重要的一部分。下面从软件架构、模块设计和接口设计等方面，对软件总体结构设计进行分析与阐述。

软件架构是整个软件系统的骨架，它决定了系统的主要结构和功能。基于巡检和定位类应用的无线系统架构的软件架构通常采用分层式结构，包括数据层、逻辑层和界面层。数据层主要负责数据的存储、读取和传输，包括从传感器、摄像头等设备采集的数据，以及从数据库或其他系统中获取的数据。数据层的设计需要考虑数据的格式、存储方式、访问权限等问题。逻辑层是整个软件系统的核心，它负责处理各种业务逻辑和算法，包括数据压缩、数据传输、数据分析和数据可视化等环节的处理逻辑。逻辑层的设计需要考虑模块化、可扩展性和可维护性等问题。界面层是用户与系统交互的界面，它负责显示数据和接收用户的输入。界面层的设计需要考虑用户的需求和使用习惯，以及界面的美观度和易用性等问题。

在总体结构设计的基础上，需要对各个模块进行详细设计，包括模块的功能、流程、算法和数据结构等方面。例如，在巡检模块中，需要考虑巡检计划的制订、巡检路线的规划、巡检数据的采集和传输等问题。在定位模块中，需要考虑定位系统的选择、定位精度和覆盖范围等问题。

接口设计是确保各个模块之间能够正确地交互和通信的关键，包括软件模块之间的接口、硬件设备与软件模块之间的接口等方面。接口设计需要考虑接口的协议、数据格式、通信方式和安全性等问题。例如，在硬件设备与软件模块之间的接口设计中，需要考虑设备的驱动程序的开发和维护等问题。

2．软件开发及其环境

本微机保护装置的所有软件都是在Motorola Embedded SDK的Metrowerks Code Warrior 4.1以上版本下，采用C语言和汇编语言混合编写的。其中主要是C语言，部分底层程序采用汇编语言编写。

Code Warrior和Embedded SDK是Motorola为DSP56800系列产品提供的两个有力的软件开发工具。Code Warrior集成开发环境是一种可靠的用于交叉汇编、交叉C编译、链接和调试的开发工具。Embedded SDK是一种软件开发工具，提供了各种外设模块的驱动程序和接口。

Metrowerks公司属于Motorola，它的Code Warrior集成开发环境包含了一个可视化的工程创建和管理系统，对源代码文件和库进行全面的管理，降低了工程的复杂性。它带有一个代码编辑器，采用习惯的拼写风格，是建立和修改源代码的工具。它还带有一个C源码级的调试器，提供了基于

Windows 的代码调试功能，可视化地显示复杂的数据结构和表达式的内容，大大加快了系统开发的速度。总之，Code Warrior IDE 允许设计人员可视化地进行代码编辑、链接、调试和内核仿真等多种操作，另外，它可以支持各种硬件评估平台。对于开发人员来讲，不需要任何其他工具就可以完成 DSP 的应用开发。

第四章　数字电子技术原理

第一节　数字电路的基础内容

一、数字电路的基本认知

（一）数字电路的基本内涵

电子线路中，电信号可分为两大类：一类是连续变化的信号，如话音在扬声器线圈中产生的音频电信号、测温用的热电偶上得到的电压信号，它们分别模拟了话音的强弱和温度的高低。自然界和生产、生活中的许多物理量都可以通过某种装置转变成电压信号或电流信号。因而由这些物理量得到的信号称为模拟信号。处理模拟信号的电路称为模拟电路。另一类是不连续变化的信号，如开关的断、通，脉搏的跳动等物理量，同样可通过某种装置转变成电信号，但这种信号与模拟信号不同，它具有脉动、短促、离散的特征。这类波形很多，常见的有矩形波、梯形波、锯齿波和尖顶波等。

脉冲波形的典型代表是矩形波。这种波形有两种状态，通常表现为电流的有、无或电位的高、低。对此，又常用两个数字来表示，"有"用 1 表示，"无"用 0 表示；"高"用 1 表示，"低"用 0 表示。因此，这种信号又称为数字信号。处理数字信号的电路称为数字电路。数字电路注重信号两种状态（即"0"和"1"）的处理与变换，研究的重点是"状态"，应用的数学工具是逻辑代数。数字电路通常是由门电路和触发器构成的。

在数字电路中常常用到时钟脉冲信号和脉冲触发信号，常涉及其有关波形的上升沿、下降沿、正脉冲和负脉冲。脉冲上升沿是指信号由低电平跃变到高电平的变化过程，又称为上跳沿。脉冲下降沿是指信号由高电平跃变到低电平的变化过程，又称为下跳沿。正脉冲是指脉冲信号由低电平到高电平。负脉冲是指脉冲信号由高电平到低电平。

（二）数字电路的主要优势

当今社会是数字化时代，数码相机、数码电视、数字交换机及电子计算机等已经成为家喻户晓的电子产品，为推动国民经济的发展发挥了巨大的作用。这是因为数字电路具有如下优点。

1．抗干扰能力强

数字电路通常是根据脉冲信号的有无、宽度和频率来工作的，外界干扰往往只影响脉冲的幅度，但只要电平的高低幅值在一定的范围内变化，就可以认为是逻辑“1”或逻辑“0”。因此数字电路的抗干扰能力强、稳定性好、可靠性高。

2．逻辑运算强

数字信号的“0”和“1”有两层含义：一是代表数值，有数量的概念，因此，数字系统可以进行算术运算；二是代表逻辑状态，因此数字系统具有很强的逻辑推演和逻辑判断的能力。

3．易于标准化

数字电路的基本单元结构简单，体积小，通用性强，容易制造，便于集成化、标准化。集成化、标准化带来的好处是价格低廉、可靠性高和使用方便。

4．易于编程化

现代数字系统的设计，大多采用可编程逻辑器件，用户只需用硬件描述语言（Hardware Description Language，HDL）在个人计算机上完成电路设计和仿真，并写入芯片，即可完成产品的研发工作，这大大缩短了产品的开发周期，降低了产品的开发成本。

（三）数字电路的类型划分

1．按结构逻辑划分

按电路结构和逻辑功能，数字电路可分为组合逻辑电路和时序逻辑电路两大类。

2．按制造工艺划分

按制造工艺，数字电路可分为双极型（TTL 型）数字集成电路、单极型（MOS 型）数字集成电路和双极-CMOS 型数字集成电路三大类型。

3．按集成度划分

按集成度，数字电路可分为小规模集成电路、中规模集成电路、大规模集成电路、超大规模集成电路和巨大规模集成电路五种。

二、数字电路的计数制式

在数字电路中，数的运算和处理是核心问题。因此，有必要先就数字电路中常用的几种计数制式（简称“数制”）进行介绍。

（一）计数制式的主要类别

1．十进制数

在日常工作和生活中，通常使用的是十进制数。人的双手就是这种数制的最原始的计算工具，它有 0、1、2、3、4、5、6、7、8、9 等 10 个数字符号，表示 0~9 的数值。当数值比 9 大 1（即 9+1）时，向相邻高位进 1，并以 10 表示，称为“逢十进一”。这个 10 就是这种数制的进位基数，或称基数。基数也就是所用数字符号的个数，以基数为 10 的进位计数制称为十进制数。在这种数制中，虽然只有 10 个数字符号，但任何有限数的数值都可以用位置排列数字符号（简称数符）来表示。

对于数字电路来说，若采用十进制，则要用 10 个严格区分的稳定状态与之对应，这不仅在技术上较复杂，而且在经济上耗费大。因此，在数字电路中，不采用十进制处理信息。

2．二进制数

二进制数是数字电路中应用最广泛的计数体制。它只有两个数码，在数字电路中实现起来比较容易，如三极管的导通和截止，就能表示为“0”“1”两个数码。二进制数的基数是 2，计数时“逢二进一”及“借一当二”。

二进制数的缺点是位数多、字码长、书写和记忆均不方便。因此，又常采用八进制数和十六进制数。

3．八进制数

八进制数的数码是 0、1、2、3、4、5、6、7，基数是 8，计数时“逢八进一”和“借一当八”。

4．十六进制数

十六进制数的数码是 0~9 以及 A、B、C、D、E、F，基数是 16，计数时“逢十六进一”和“借一当十六”。

为了便于区分不同数制，常在数字之后加 2、10、8、16 或者 B、D、Q

（O）、H 来区分二进制数、十进制数、八进制数和十六进制数。

（二）计数制式之间的转换

“数制转换是计算机科学中的基础知识，了解数制转换的本质和通用的转换方式可以促进对常用转换方式的掌握和新方法的提出。”

1．十进制数到非十进制数的转换

十进制数可分为整数和小数两部分，对整数和小数分别转换，再将结果排列在一起就能得到完整的转换结果。

（1）整数部分转换。法则：用基数去除整数，直到商为 0，然后将得到的余数倒排。此方法又称为除 2 取余法。

（2）小数部分转换。法则：将小数部分逐次乘以基数，直到最后乘积为 0 或达到所要求的精度为止，然后将乘积的整数正排。此方法又称为乘 2 取整法。

（3）十进制数转换成八进制数。将十进制数转换成八进制数，整数部按除 8 取余法进行转换，小数部分按乘 8 取整法进行转换。

（4）十进制数转换成十六进制数。将十进制数转换成十六进制数，整数部分按除 16 取余法进行转换，小数部分按乘 16 取整法进行转换。

2．非十进制数到十进制数的转换

将非十进制数按位权展开再求和即可得到十进制数。

3．二进制数和非十进制数的转换

1 位八进制数表示的数值恰好相当于 3 位二进制数能表示的数值；1 位十六进制数表示的数值恰好相当于 4 位二进制数能表示的数值。因此，它们彼此之间的转换极为方便，只要从小数开始，分别向左、右展开，3 位（4 位）一组，不够补 0 即可。

（三）数制运算的溢出

一个带符号的二进制数的位数确定以后，它所表示的数的范围也就确定了。例如，当位数为 8 位时，二进制数的补码能表示的数的范围分别为：

（1）正数范围：00000000~01111111（0~+127）。

（2）负数范围：10000000~11111111（−128~−1）。

因此，8 位二进制数补码能表示的范围是：−128~+127。如果运算结果

超出这个范围就会发生溢出，此时运算结果就是错误的。

三、数字电路的主要编码

数字系统的二进制数，不仅可以表示数量的大小，还可以表示不同的事物，但在表示事物时它们只是不同事物的代号，所以称为二进制代码。编制代码要遵循一定的规则，这些规则称为编码。

（一）二-十进制码

用 4 位二进制代码来表示 1 位十进制数的编码方法叫作二-十进制（Binary-Coded Decimal）码，简称 BCD 码。它使按二进制数方式工作的硬件设备能完成十进制数的运算。BCD 码具有二进制数的形式，但本质上是十进制数。

用4位二进制码可以写出16种组合形式,因为是用来表示十进制数0、1、2、3、4、5、6、7、8、9，所以只需要 16 种组合中的 10 种。原则上讲，可以把 16 种中的任何 10 种分别代表十进制数的 10 个数字符号，但往往从运算或线路需要出发，常使用以下两种代码。

1．8421 码

8421 码规定 4 位二进制码的每 1 位都有固定的权,各位的权分别为 8、4、2、1。因此，这种代码是一种有权码。8421 码与普通二进制数对权的规定相同，但是不允许出现 1010~1111 等 6 种编码，因为在十进制数里没有和这 6 种编码对应的数字符号，故在 8421 码中称这 6 种组合为非法码。

多位十进制数的 8421 码表示方法和 1 位十进制数的表示方法一样。用 8421 码进行十进制数的加、减运算时，需注意非法码的问题。例如，如果运算结果的个位出现了非法码 1101，十位数中出现了向百位数的进位，这些都会导致运算结果的错误。

2．余 3 码

余 3 码是一种无权码，即它的 4 位二进制码的每 1 位没有固定的权，余 3 码与 8421 码相比，对应的值都多 3，故称为余 3 码。它的一个突出的特点是 0 与 9、1 与 8、2 与 7……互补，这给十进制数的减法带来较大的方便。

（二）符号代码

在进行信息传输的时候，不仅要传送数字，还要传送符号，如英文字母、标点符号及一些常用的运算符等。为此，人们把这些符号用若干位的二进制代码来表示。常用的代码是美国信息交换标准码（American Standard Code for Infomation Interchange），又称 ASCII 码，它用 7 位二进制码表示一个符号。例如，用 0110000 表示阿拉伯数字符号“0”，用 1000001 表示英文大写字母“A”。在 ASCII 码表中可以找到一些符号代码的规律，例如，用十六进制数来表示 0~9 的 ASCII 码，分别为 30H、31H、32H、33H、34H、35H、36H、37H、38H 和 39H。这样用某一数字的 ASCII 码减去 30H，就可知该数字。

（三）格雷码

格雷码（Gray code）的特点是：两相邻代码之间仅有 1 位不同，有利于抗干扰，故又称可靠性编码。格雷码是一种无权码。在典型的 N 位格雷码中，0 和最大数（2^N-1）之间也只有 1 位不同，因此它是一种循环码。

四、数字电路的基础器件

二极管、三极管和 MOS 管是数字电路的基础器件。在数字电路中，这些器件都当作开关使用，因此我们应着重了解它们的开关特性。

（一）二极管

在二极管正向导通时，只要电流在规定范围以内，二极管的压降基本保持一定值（硅二极管的约为 0.7 V，锗二极管的约为 0.3 V），此时，二极管呈较低的导通电阻，一般在几欧到几百欧之间，相当于开关的接通。当二极管加反向电压且反向电压小于其反向击穿电压时，反向电流很小且基本不变，此时二极管呈很高的反向电阻，一般在几兆欧以上，相当于开关的断开。二极管的开关特性表现在正向导通与反向截止两种不同状态之间的转换过程。

（二）三极管

当输入电压为负值时，三极管发射结反偏而截止，截止电阻很大，相当于开关的断开；当输入电压为正值时，三极管因发射结和集电结均正偏而饱和导通，相当于开关的接通。三极管当作开关元件时，相应的“饱和”和“截止”两种状态之间的转换，并不是如同理想开关元件一样与开关信号同步完成的。

输入电压为理想的矩形波，输出电流 I_c 在波形上和时间上都和输入波形有所出入，即平顶后移了，前、后沿不陡了。造成这种现象的内部原因和二极管的一样，三极管由截止转为导通时，管内电荷的“建立”和由导通转为截止时管内电荷的“消散”都需要有个时间过程。

开关时间＝开通时间+关闭时间。开关时间决定着三极管的开关速度，显然，开关时间越短，开关速度越快，开关性能也就越好。

（三）MOS 管

用增强型 NMOS 管组成的开关电路称为反相器电路。MOS 管的开关特性和三极管的开关特性相似，但原理上有着本质区别。MOS 管内部导电沟道的形成和消失所需时间在分析电路时可以忽略不计，但电路输出端不可避免地存在一定的电容负载，如分布电容或下一级的输入电容。

当输入信号由高变低时，MOS 管截止，电源电压通过电阻对负载电容 C_L 充电，使输出波形上升沿变缓慢；当输入信号由低变高时，MOS 管饱和导通，通过 MOS 管放电。由于 MOS 管导通电阻远小于传统的 PN 结二极管，所以，充电时间常数远大于放电时间常数。因此，限制 MOS 管开关速度的主要因素就是输出电压的上升时间。

第二节　逻辑代数与逻辑门电路

形式逻辑是有悠久历史的一门科学。到了近代由于采用了数学的办法来研究逻辑，这样就使古典的形式逻辑逐渐地改造，发展成为数理逻辑。数理逻辑也称符号逻辑。由于数理逻辑的研究对数学本身的发展产生了极其深刻的影响，同时数理逻辑又与许多尖端科学技术有着广泛的联系，因而近几十年来，数理逻辑确有飞跃的发展，现在数理逻辑已经发展成为数学的一个庞大而独立的分支。为了加强基础理论，为了科学现代化，为了学习科学技术，为了提高教学质量，学习数理逻辑是十分重要的。

一、逻辑值与逻辑运算

（一）逻辑值与逻辑变量

逻辑值是计算机语言，意为逻辑状态下赋予的真或者假。逻辑值有两种情况：成立和不成立。成立的时候我们说逻辑值为真，用 true 或 1 表示；不成立的时候我们说逻辑值为假，用 false 或 0 表示。

和普通代数一样，逻辑代数也是用字母表示其值可以变化的量，即逻辑变量。需要注意的是下面两点：

第一，在普通代数中，变量的取值可以是任意实数，而逻辑代数是一种二值代数系统，即任何逻辑变量的取值只有两种可能性——取值 0 或取值 1。

第二，逻辑值 0 和 1 不再像普通代数中那样具有数量的概念，而是用来表征矛盾的双方和判断事件真伪的形式符号，无大小、正负之分。在数字电路中，开关的接通与断开、电压的高和低、信号的有和无、晶体管的导通与截止等两种稳定的物理状态，均可用 1 和 0 这两种不同的逻辑值来表征。

（二）逻辑运算

逻辑代数的基本运算有与（AND）、或（OR）、非（NOT）3 种。

（1）只有决定事物结果的全部条件同时具备时，结果才会发生。这种因果关系称为逻辑与，又称逻辑相乘。

（2）在决定事物结果的诸条件中只要有任何一个满足，结果就会发生。这种因果关系称为逻辑或，又称逻辑相加。

（3）条件具备时，结果不发生，而条件不具备时，结果反而发生。这种因果关系称为逻辑非，又称逻辑求反。

若以 A、B 表示开关的状态，并以 1 表示开关闭合，以 0 表示开关断开；以 Z 表示指示灯的状态，并以 1 表示灯亮，以 0 表示灯不亮，则可以列出以 0、1 表示的与、或、非逻辑关系的图表。这种图表称为逻辑真值表，简称真值表。在逻辑代数中，将与、或、非看作是逻辑变量 A、B 间的 3 种最基本的逻辑运算，并以“·”表示与运算，以“+”表示或运算，以变量上方的“¯”表示非运算。因此，A 和 B 进行与逻辑运算时可写成：

$$Z = A \cdot B \tag{4-1}$$

A 和 B 进行或逻辑运算时可写成：

$$Z = A + B \tag{4-2}$$

对 A 进行非逻辑运算时可写成：

$$Z = \overline{A} \tag{4-3}$$

与、或、非逻辑运算还可以用图形符号表示。

实际的逻辑问题往往比与、或、非复杂得多，不过它们都可以用与、或、非的组合来实现。最常见的复合逻辑运算有与非（NAND）、或非（NOR）、与或非（AND–NOR）、异或（XOR）、同或（XNOR）等。

将 A、B 先进行与运算，然后将结果求反，最后得到的即为 A、B 的与非运算结果 $Y=AB$。因此，可以把与非运算看成是与运算和非运算的组合。类似的或非运算为 $Y=A+B$。

在与或非逻辑中，A、B 之间以及 C、D 之间都是与的关系，只要 A、B 或者 C、D 任何一组同时为 1，输出 Y 就是 0。只有当每一组输入都不全是 1 时，输出 Y 才是 1，可表示为 $Y=AB+CD$。

异或的逻辑关系是：当 A、B 不同时，输出 Y 为 1；而当 A、B 相同时，输出 Y 为 0。异或运算的符号是⊕，异或也可以用与、或、非的组合表示，即

$$Y = A \oplus B = \overline{A}B + A\overline{B} \tag{4-4}$$

同或和异或相反，当 A、B 相同时，输出 Y 为 1；而当 A、B 不同时，输出 Y 为 0。同或运算的符号是⊙，同或也可以用与、或、非的组合表示，即

$$Y = A \cdot B = \overline{A}\overline{B} + AB \tag{4-5}$$

而且，异或和同或互为反运算，即

$$A \odot B = \overline{A \oplus B}\ ,\ A \oplus B = \overline{A \odot B} \tag{4-6}$$

为简化书写，允许简写 $A \times B$，略去逻辑相乘的运算符号“·”。

二、逻辑函数及其表示方法与规则

从上面讲过的各种逻辑关系可以看到，如果以逻辑变量作为输入，以运算结果作为输出，那么当输入变量的取值确定之后，输出的取值便随之而定。因此，输出与输入之间是一种函数关系。这种函数关系称为逻辑函数，写作：

$$Y = F(A,B,C,\cdots) \tag{4-7}$$

因为变量和输出（函数）的取值只有 0 和 1 两种状态，所以我们讨论

的都是二值逻辑函数。

任何一个具体的因果关系都可以用一个逻辑函数来描述。例如，举重比赛规则规定，在一名主裁判和两名副裁判中，必须有两人以上（而且必须包括主裁判）认定运动员的动作合格，试举才算成功。比赛时主裁判掌握着开关 A，两名副裁判分别掌握着开关 B 和 C。当运动员举起杠铃时，裁判认为动作合格了就合上开关，否则不合。显然，指示灯 Y 的状态（亮与暗）是开关 A、B、C 状态（合上与断开）的函数。

若以 1 表示开关闭合，0 表示开关断开，以 1 表示灯亮，以 0 表示灯暗，则指示灯 Y 是开关 A、B、C 的二值逻辑函数，即

$$Y=F(A,B,C) \tag{4-8}$$

（一）逻辑函数的表示方法

常用的逻辑函数表示方法有逻辑真值表、逻辑函数式、逻辑图、波形图、卡诺图和硬件描述语言等。

1．逻辑真值表

将输入变量所有的取值下对应的输出值找出来，列成表格，即可得到真值表。仍以举重裁判电路为例，根据电路的工作原理不难看出，只有 $A=1$，同时 B、C 至少有一个为 1 时，Y 才等于 1，于是可列出电路的真值表。

2．逻辑函数式

将输出与输入之间的逻辑关系写成与、或、非等运算的组合式，即逻辑代数式，就得到了所需的逻辑函数式。

在电路中，根据对电路功能的要求和与、或的逻辑定义，“B 和 C 中至少有一个合上”可以表示为（$B+C$），“同时还要求合上 A”则应写作 $A\cdot(B+C)$，因此得到输出的逻辑函数式为

$$Y=A(B+C) \tag{4-9}$$

3．逻辑图

将逻辑函数式中各变量之间的与、或、非等逻辑关系用图形符号表示出来，就可以画出表示函数关系的逻辑图。要画出逻辑图，只要用逻辑运算的图形符号代替式中的代数运算符号即可。

4．波形图

如果将逻辑函数输入变量每一种可能出现的取值与对应的输出值按时间顺序依次排列起来，就得到了描述该逻辑函数的波形图。这种波形图也称为时序图。在逻辑分析仪和一些计算机仿真工具中，经常以这种波形图的形式给出分析结果。此外，也可以通过实验观察这些波形图，以检验实际逻辑电路的功能是否正确。

如果用波形图来描述逻辑函数式，则只需将输入变量与对应的输出变量取值依时间顺序排列起来，就可以得到所要的波形图了。

（二）逻辑函数表示方法之间的转换

既然同一个逻辑函数可以用多种不同的方法描述，那么这几种方法之间必能相互转换。

1．真值表与逻辑函数式的相互转换

只有当 A、B、C 3 个输入变量中两个同时为 1 时，Y 才为 1。因此，在输入变量取值为以下 3 种情况时，Y 将等于 1：

$$\left.\begin{aligned} A=0\text{、}B=1\text{、}C=1 \\ A=1\text{、}B=0\text{、}C=1 \\ A=1\text{、}B=1\text{、}C=0 \end{aligned}\right\} \qquad (4\text{-}10)$$

当 $A=0$、$B=1$、$C=1$ 时，必然使乘积项 $ABC=1$；当 $A=1$、$B=0$、$C=1$ 时，必然使乘积项 $ABC=1$；当 $A=1$、$B=1$、$C=0$ 时，必然使乘积项 $ABC=1$。变量逻辑函数中，乘积项中包含所有的多个变量，要完整表达上述变量函数，需要考虑 A、B、C 均为 1 的情况。Y 的逻辑函数应当为这 4 个乘积项之和，即

$$Y=\overline{A}\,\overline{B}\,\overline{C}+\overline{A}BC+A\overline{B}C+AB\overline{C} \qquad (4\text{-}11)$$

可以总结出由真值表写出逻辑函数式的一般方法：

（1）找出真值表中使逻辑函数 $Y=1$ 的那些输入变量取值的组合。

（2）每组输入变量取值的组合对应一个乘积项，其中取值为 1 的写入原变量，取值为 0 的写入反变量。

（3）将这些乘积项相加，即得 Y 的逻辑函数式。

由逻辑函数式列出真值表就更简单了。这时只需将输入变量取值的所有组合状态逐一代入逻辑式求出函数值，列成表，即可得到真值表。

2．逻辑函数式与逻辑图的相互转换

将给定的逻辑函数式转换为相应的逻辑图时，只要用逻辑图形符号代替逻辑函数式中的逻辑运算符号并按运算优先顺序将它们连接起来，就可以得到所求的逻辑图了。而在将给定的逻辑图转换为对应的逻辑函数式时，只要从逻辑图的输入端到输出端逐级写出每个图形符号的输出逻辑式，就可以在输出端得到所求的逻辑函数式了。

3．波形图与真值表的相互转换

在由已知的逻辑函数波形图求对应的真值表时，需要先从波形图上找出每个时间段里输入变量与函数输出的取值，然后将这些输入、输出取值对应列表。

在将真值表转换为波形图时，只需将真值表中所有的输入变量与对应的输出变量取值依次排列画成以时间为横轴的波形即可。

（三）逻辑函数基本规则

1．代入规则

在任何一个包含变量 A 的逻辑等式中，若以另外一个逻辑式代入式中所有 A 的位置，则等式仍然成立。这就是所谓的代入规则。

因为变量 A 仅有 0 和 1 两种可能的状态，所以无论将 $A=0$ 还是 $A=1$ 代入逻辑等式，等式都一定成立。而任何一个逻辑式的取值也不外乎 0 和 1 两种，所以用它取代式中的 A 时，等式自然也成立。因此，可以将代入规则看作无须证明的公理。

2．反演规则

对于任意一个逻辑式 Y，若将其中所有的“·”换成“+”，“+”换成“·”，0 换成 1，1 换成 0，原变量换成反变量，反变量换成原变量，则得到的结果就是 Y。这个规律称为反演规则。反演规则为求取已知逻辑式的反逻辑式提供了方便。

在使用反演规则时，还需注意遵守以下两个规则：

（1）仍需遵守“先括号、然后乘、最后加”的运算优先次序。

（2）不属于单个变量上的非号应保留不变。

3．对偶规则

若两逻辑式相等，则它们的对偶式也相等，这就是对偶规则。

所谓的对偶式是这样定义的：对于任何一个逻辑式 Y，若将其中的"·"换成"+"，"+"换成"·"，0 换成 1，1 换成 0，则得到一个新的逻辑式 Y^D，这个 Y^D 就称为 Y 的对偶式，或者说 Y 和 Y^D 互为对偶式。

要证明两个逻辑式相等，也可以通过证明它们的对偶式相等来完成，因为有些情况下证明它们的对偶式相等更加容易。

三、逻辑函数表达式的标准形式

（一）逻辑函数表达式的形式及其相互转换

前面所讲的逻辑函数化简方法都是以最简与或式作为化简目标的。然而在用电路实现这些逻辑函数时，这种最简与或式有时并不是理想的形式。这是因为在电路实现的过程中，往往可供选择的电子器件种类有限，所以必须把逻辑函数的形式变换为与所用器件相适应的形式。

例如，我们需要用门电路实现下面的逻辑函数。

$$Y = A\overline{B}\,\overline{C} + \overline{A}B\overline{C} \qquad (4\text{-}12)$$

如果有 3 输入端的与门和 2 输入端的或门可以选用，则可以很方便地与上式对应地接成两级与或逻辑电路。但如果限定只能使用 2 输入端的与非门，这时就需要变换为全部由两变量与非运算组成的形式。为此，可利用摩根定理将公式进行两次求反运算，变换成与非-与非形式，得到

$$Y = A\overline{B}\,\overline{C} + \overline{A}B\overline{C} = \overline{\overline{A\overline{B}\,\overline{C} + \overline{A}B\overline{C}}} = \overline{\overline{A\overline{B}\,\overline{C}} \cdot \overline{\overline{A}B\overline{C}}} = \overline{\overline{A\overline{\overline{\overline{B}\,\overline{C}}}} \cdot \overline{\overline{A}\overline{\overline{B\overline{C}}}}} \qquad (4\text{-}13)$$

按照上式就得到了全部由 2 输入端与非门组成的逻辑电路。

如果有异或门和与门可以使用，则应当将式（4-12）变换成下面的形式：

$$Y = A\overline{B}\,\overline{C} + \overline{A}B\overline{C} = (A\overline{B} + \overline{A}B)\overline{C} = (A \oplus B)\overline{C} \qquad (4\text{-}14)$$

（二）最小项与最小项表达式

1．最小项

在 n 变量逻辑函数中，若 m 为包含 n 个因子的乘积项，而且这 n 个变量均以原变量或反变量的形式在 m 中出现一次，则称 m 为该组变量的最小项。

例如，A、B、C 3 个变量的最小项共有 8 个（即 2^3 个）。n 变量的最小项应有 2^n 个。

输入变量的每一组取值都使一个对应的最小项的值等于 1。例如，在三

变量 A、B、C 的最小项中，当 $A=1$、$B=0$、$C=1$ 时，如果把 A、B、C 的取值 1、0、1 看作一个二进制数 101，那么它所表示的十进制数就是 5。为了今后使用的方便，将这个最小项记作 m_5。按照这一约定，就得到了三变量最小项的编号表。

根据同样的道理，我们将 A、B、C、D 这 4 个变量的 16 个最小项记作 m_0~m_{15}。

从最小项的定义出发，可以证明它具有如下的重要性质：

（1）在输入变量的任何取值下必有一个最小项，而且仅有一个最小项的值为 1。

（2）全体最小项之和为 1。

（3）任意两个最小项的乘积为 0。

（4）具有相邻性的两个最小项之和可以合并成一项并消去一对因子。

若两个最小项只有一个因子不同，则称这两个最小项具有相邻性。例如，$\overline{A}B\overline{C}$ 和 $AB\overline{C}$ 这两个最小项仅第一个因子不同，所以它们具有相邻性。这两个最小项相加时定能合并成一项并将一对不同的因子消去，即

$$\overline{A}B\overline{C}+AB\overline{C}=B\overline{C} \tag{4-15}$$

2．逻辑函数的最小项表达式

首先，将给定的逻辑函数式化为若干乘积项之和的形式，亦称“积之和”形式。然后，利用基本公式将每个乘积项中缺少的因子补全，这样就可以将与或的形式化为最小项之和的标准形式，即最小项表达式。这种标准形式在逻辑函数的化简以及计算机辅助分析和设计中得到了广泛的应用。

例如，给定逻辑函数为

$$\overline{A}B\overline{C}+AB\overline{C}=B\overline{C} \tag{4-16}$$

则可化为

$$Y=AB\overline{C}+BC=AB\overline{C}+(A+\overline{A})BC=AB\overline{C}+ABC+\overline{A}BC=m_3+m_6+m_7 \tag{4-17}$$

或写作：

$$Y(A,B,C)=\sum m(3,6,7) \tag{4-18}$$

（三）最大项与最大项表达式

1. 最大项

在 n 变量逻辑函数中，若 M 为 n 个变量之和，而且这 n 个变量均以原变量或反变量的形式在 M 中出现，则称 M 为该组变量的最大项。

例如，三变量 A、B、C 共有 8 个（即 2^3 个）最大项：$(A+B+C)$、$(A+B+C')$、$(A+B'+C)$、$(A+B'+C')$、$(A'+B+C)$、$(A'+B+C')$、$(A'+B'+C)$、$(A'+B'+C')$。而 $(A+C')$ 或 $(A+B')$ 这样的和项由于没有包含所有的变量（A、B、C 3 个），则不是最大项。对于 n 个变量则有 2^n 个最大项。可见，n 变量的最大项数目和最小项数目是相等的。

输入变量的每一组取值都使一个对应的最大项的值为 0。例如，在三变量 A、B、C 的最大项中，当 $A=1$、$B=0$、$C=1$ 时，$A+B+C=0$。若将使最大项为 0 的 ABC 取值视为一个二进制数，并以其对应的十进制数给最大项编号，则可记作 M。由此得到了三变量最大项编号表。

根据最大项的定义，同样可以得到它的主要性质：

（1）在输入变量的任何取值下必有一个最大项，而且只有一个最大项的值为 0。

（2）全体最大项之积为 0。

（3）任意两个最大项之和为 1。

（4）只有一个变量不同的两个最大项的乘积等于各相同变量之和。

2. 逻辑函数的最大项表达式

首先，利用逻辑代数的基本公式和定理，一定能把任何一个逻辑函数式化成若干多项式相乘的或与形式（也称“和之积”形式）。然后，利用基本公式将每个多项式中缺少的变量补齐，就可以将函数式的或与形式化成最大项之积的形式了，即最大项表达式。

四、逻辑门电路

（一）逻辑门电路简介

在数字电路中，能实现基本逻辑运算和复合逻辑运算的单元电路称之为逻辑门电路，其是组成数字电路的基本单元。最基本的逻辑运算关系有与、或、非 3 种，对应的基本逻辑门为与门、或门和非门。由这 3 种基本逻辑门可以构成各种复杂的复合逻辑门电路。

数字集成电路按所用半导体开关器件的不同，可分为两大类：一类称为双极型数字集成电路，由晶体三极管构成，如 TTL 门电路。在晶体三极管中，自由电子和空穴两种载流子都参与导电，所以称为双极型。另一类称为单极型或 MOS 型集成电路，由 MOS 晶体管构成。在 MOS 晶体管中，只有一种载流子（自由电子或空穴）参与导电，所以称为单极型。

1961 年，美国得克萨斯仪器公司率先将数字电路的元、器件制作在同一硅片上，制成了数字集成电路（简称 DIC）。因为集成电路体积小、质量轻、可靠性好，所以在大多数领域迅速取代了分立器件组成的数字电路。直到 20 世纪 80 年代初，这种采用双极型三极管组成的 TTL 型集成电路一直是数字集成电路的主流产品。

然而，TTL 电路也存在一个严重的缺点，就是它的功耗比较大。由于这个原因，用 TTL 电路只能制作成小规模集成电路（SSI，其中仅包含 10 个以内的门电路）和中规模集成电路（MSI，其中包含 10~100 个门电路），而无法制作成大规模集成电路（LSI，其中包含 1 000~10 000 个门电路）和超大规模集成电路（VLSI，其中包含 10 000 个以上的门电路）。CMOS 集成电路出现于 20 世纪 60 年代后期，它最突出的优点在于功耗极低，所以非常适合制作大规模集成电路。随着 CMOS 制作工艺的不断进步，无论在工作速度还是在驱动能力上，CMOS 电路都已经不逊色于 TTL 电路。因此，CMOS 电路便逐渐取代 TTL 电路而成为当前数字集成电路的主流产品。

（二）CMOS 逻辑门电路

1．MOS 晶体管及其开关特性

CMOS 集成电路以金属-氧化物-半导体场效应晶体管（简称 MOS 管）作为开关器件。

（1）MOS 管的结构和工作原理。在 P 型半导体衬底上，制作两个高掺杂浓度的 N 型区，形成 MOS 管的源极 S（Source）和漏极 D（Drain）。

第 3 个电极称为栅极 G（Grid），通常用金属铝或多晶硅制作。栅极和衬底之间被二氧化硅绝缘层隔开，绝缘层的厚度极薄，在 0.1 μm 以内。

如果在漏极和源极之间加上电压 V_{GS}，而令栅极和源极之间的电压 $V_{GS}=0$，则由于漏极和源极之间相当于两个 PN 结背向地串联，所以 D-S 间不导通，电流为 0。

当栅极和源极之间加有正电压 V_{GS}，而且 V_{GS} 大于某个电压值 $V_{GS(th)}$ 时，由于栅极与衬底间电场的吸引，使衬底中的少数载流子-电子聚集到栅极下面的衬底表面，形成一个 N 型的反型层。这个反型层就构成了 D-S 间的导电沟道，于是有 I_D 流通。$V_{GS(th)}$ 称为 MOS 管的开启电压。因为导电沟道属于 N 型，而且在 $V_{GS}=0$ 时不存在导电沟道，必须加以足够高的栅极电压才有导电沟道形成，所以将这种类型的 MOS 管称为 N 沟道增强型 MOS 管。

随着 V_{GS} 的升高，导电沟道的截面积将加大，I 也将增加。因此，可以通过改变 V_{GS} 控制 I_D 的大小。

为防止有电流从衬底流向源极和导电沟道，通常将衬底与源极相连，或将衬底接到系统的最低电位上。

2．MOS 管的输入特性和输出特性

若以栅极—源极间的回路为输入回路，以漏极—源极间的回路为输出回路，则称为共源极接法，栅极和衬底间被二氧化硅绝缘层所隔离，在栅极和源极间加上电压 V_{GS} 以后，不会有栅极电流流通，可以认为栅极电流等于零。因此，就不必再画输入特性曲线来表示了。

漏极特性曲线分为 3 个工作区。当 $V_{GS}<V_{GS(th)}$ 时，漏极和源极之间没有导电沟道，I_D 近似为 0。这时 D-S 间的内阻非常大。因此，将曲线上 $V_{GS}<V_{GS(th)}$ 的区域称为截止区。

当 $V_{GS}>V_{GS(th)}$ 以后，D-S 间出现导电沟道，有电流产生。曲线上 $V_{GS}>V_{GS(th)}$ 的部分又可分成两个区域。

漏极特性曲线上虚线左边的区域称为可变电阻区。在这个区域里，当 V_{GS} 一定时，I_D 与 V_{GS} 之比近似地等于一个常数，具有类似于线性电阻的性质。等效电阻的大小和 V_{GS} 的数值有关。在 $V_{GS}\approx 0$ 时，MOS 导通电阻 R_{ON} 和 V_{GS} 的关系由下式给出：

$$R_{ON}\big|_{V_{GS}=0}=\frac{1}{2K\left(V_{GS}-V_{GS(th)}\right)} \qquad (4\text{-}19)$$

上式表明，在 $V_{GS}>V_{GS(th)}$ 的情况下，R_{ON} 近似地与 V_{GS} 成反比。为了得到较小的导通电阻，应取尽可能大的 V_{GS} 值。

漏极特性曲线上虚线以右的区域称为恒流区。I_D 与 V_{GS} 的关系由下式给出：

$$I_D = I_{DS}\left(\frac{V_{GS}}{V_{GS(th)}}-1\right)^2 \qquad (4\text{-}20)$$

式中：I_{DS} 是 $V_{GS}=2V_{GS(th)}$ 时的 I_D 值。

不难看出，在 $V_{GS}>V_{GS(th)}$ 的条件下，I_D 近似地与 V^2_{GS} 成正比。表示 I_D 与 V_{GS} 关系的曲线称为 MOS 管的转移特性曲线。

（三）功耗和延迟

1．功耗

功耗是门电路的重要参数之一。功耗有静态和动态之分。所谓静态功耗，指的是当电路的输出没有状态转换时的功耗。静态时，CMOS 电路的电流很小，使得静态功耗非常低，所以 CMOS 电路广泛应用于要求功耗较低或电池供电的设备，如便携计算机、手机和掌上电脑等。这些设备在没有输入信号时，功耗非常低。CMOS 电路在输出发生状态转换时的功耗称为动态功耗。它主要由两部分组成，其中一部分是由于电路输出状态转换的瞬间，其等效电阻比较小，从而导致有较大的电流从电源经 CMOS 电路流入地。这部分功耗可由下式表示：

$$P_T = C_{PD}V_{DD}^2 f \qquad (4\text{-}21)$$

式中：f 为输出信号的转换频率；V_{DD} 为供电电源电压；C_{PD} 为功耗电容，可以在数据手册中查到，74HC 系列为 20 pF，74LVC 系列为 15 pF。

动态功耗的另一部分是因为 CMOS 管的负载通常是电容性的，当输出由高电平到低电平，或者由低电平到高电平转换时，会对电容进行充、放电，这个过程将增加电路的损耗。这部分动态功耗为

$$P_L = C_L V_{DD}^2 f \qquad (4\text{-}22)$$

式中：C_L 为负载电容。由此得到 CMOS 电路总的动态功耗为

$$P_U = \left(C_{PD} + C_L\right)V_{DD}^2 f \qquad (4\text{-}23)$$

从上式可见，CMOS 动态功耗正比于转换频率和电源电压的平方。当工作频率比较高时，CMOS 门的功耗可能会超过 TTL 门。在设计 CMOS 电路时，应选用低电源电压器件，如 3.3 V 供电电源 74LVC 系列或 1.8 V 供电电源 74AUC 系列，以降低功耗。

2．传输延迟时间

传输延迟时间是表征门电路开关速度的参数，它说明门电路在输入脉冲波形的作用下，其输出波形相对于输入波形延迟了多长的时间。当门电路的输入端加入一脉冲波形，通常输出波形下降沿、上升沿的中点与输入波形对应沿中点之间的时间间隔，分别用 t_{PLH} 和 t_{PHL} 表示，由于 CMOS 门电路输出级的互补对称性，其 t_{PLH} 和 t_{PHL} 相等。

（四）扇入数和扇出数

门电路的扇入数取决于它的输入端的个数，如一个 3 输入端的与非门，其扇入数 $N_I=3$。

门电路的扇出数是指其在正常工作情况下，所能带同类门电路的最大数目。扇出数的计算稍复杂些，这时要考虑两种情况：一种情况是负载电流从驱动门流向外电路，称为拉电流负载；另一种情况是负载电流从外电路流入驱动门，称为灌电流负载。“拉”与“灌”形象地表明了负载的性质。

1．拉电流工作情况

当驱动门的输出端为高电平时，将有电流 I_{OH} 从驱动门拉出而流入负载门，负载门的输入电流为 I_{IH}。当负载门的个数增加时，总的拉电流将增加，会引起输出高电压的降低，但不得低于输出高电平的下限值，这就限制了负载门的个数。这样，输出为高电平时的扇出数可表示如下：

$$N_{OH}=\frac{I_{OH}(\text{驱动门})}{I_{IH}(\text{负载门})} \tag{4-24}$$

2．灌电流工作情况

当驱动门的输出端为低电平时，负载电流 I_{OL} 流入驱动门，它是负载门输入端电流之和。当负载门的个数增加时，总的灌电流 I_{IL} 将增加，同时也将引起输出低电压的升高。当输出为低电平，并且保证不超过输出低电平的上限值时，驱动门所能驱动同类门的个数由下式决定：

$$N_{OL}=\frac{I_{OL}(\text{驱动门})}{I_{IL}(\text{负载门})} \tag{4-25}$$

一般逻辑器件的数据手册中，并不给出扇出数，而必须用计算或实验的方法求得，并注意在设计时留有余地，以保证数字电路或系统能正常运行。在实际的工程设计中，如果输出高电平电流 I_{OH} 与输出低电平电流 I_{OL} 不相等，则 $N_{OL}\neq N_{OH}$，常取两者中的最小值。

对于CMOS门电路扇出数的计算分为两种情况：一种是带CMOS负载，另一种是带TTL负载。负载类型不同，数据手册中给出的输出高电平电流I_{OH}或者输出低电平电流I_{OL}也不相同。当所带负载为CMOS电路时，根据数据手册，查得 74HC/74HCT 的输出电流$I_{OH} = -20\ \mu A$、$I_{OL} = 20\ \mu A$，输入电流$I_{IH} = 1\ \mu A$、$I_{IL} = -1\ \mu A$。数据前的负号表示电流从器件流出，反之表示电流流入器件，计算时只取绝对值。因此，$N_{OH} = N_{OL} = 20\ \mu A / 1\ \mu A = 20$，即最多可接同类电路的输入端数为20个。

上述CMOS扇出数的计算是保证CMOS驱动门的高电平输出为4.9 V。如果允许其高电平输出降至TTL门的逻辑电平3.84 V（低电平亦然），则I_{OH}和I_{OL}分别为-4 mA和4 mA，此时计算出的扇出数为4 000，实际不可能达到这么大的数，因为CMOS门的输入电容比较大，电容的充、放电电流不能忽略。

74HCT系列与TTL兼容，如果CMOS所带负载为74LS系列的TTL门电路，此时$I_{OH} = I_{OL} = 4\ mA$，而$I_{IH} = 0.02\ mA$、$I_{IL} = 0.4\ mA$，根据式（4-24）可计算高电平输出时的扇出数：

$$N_{OH} = \frac{I_{OH}}{I_{IH}} = \frac{4\ mA}{0.02\ mA} = 200 \tag{4-26}$$

根据式（4-25）可计算低电平输出时的扇出数：

$$N_{OL} = \frac{I_{OL}}{I_{IL}} = \frac{4\ mA}{0.4\ mA} = 10 \tag{4-27}$$

因此，根据上述两种情况的计算，取数值小的为扇出数，即CMOS最多可接74LS系列TTL门电路的输入端为10个。这里考虑每个负载门只有一个输入端与驱动门相接，如果每个负载门有两个以上的输入端接入驱动门，则扇出数实为输入端数目。值得指出的是，当负载为CMOS逻辑门时，其输入电容不能忽略。驱动门为高电平时，会向负载门的输入电容充电；而驱动门为低电平时，充电的电容会通过驱动输出电阻放电。因此，增加负载门数量将导致总电容值的增加，致使充、放电时间增加，从而影响门电路的开关速度。

第三节　组合逻辑与时序逻辑电路

从客观的角度来看，根据物理信号在时间上随幅值的变化规律，我们可以将其分为两种类型：模拟信号和数字信号。

模拟信号是在一定范围内，幅值随时间连续变化的信号。它可以是电压、速度、温度、声音、图像等连续的物理量。模拟信号的幅值可以取任意值，并且在时间上的变化是连续的。用于传送、加工和处理模拟信号的电路通常被称为模拟电路。

数字信号是一种离散信号，它在幅值上是离散的。数字信号的幅值只能取离散的数值，通常用二进制表示。数字信号在时间上也是离散的，即它在一系列离散的时间点上进行取样。用于存储、运算、变换、合成和处理数字信号的电子电路被称为数字电路。

数字电路利用离散的信号表示和处理信息，它可以实现高精度、高稳定性和复杂算法的处理。数字信号可以通过模数转换器（ADC）将模拟信号转换为数字形式，也可以通过数模转换器（DAC）重新转换为模拟信号。

数字电路中数字信号是用二值量来表示的，每一位数只有“0”和“1”两种状态，因此，凡是具有两个稳定状态的元件都可用作基本单元电路，故基本单元电路结构简单。数字电路采用二进制表示，所以能够应用逻辑代数这一工具进行研究，使得数字电路除了能够对信号进行算术运算外，还具有一定的逻辑推演和逻辑判断等“逻辑思维”能力。

由于数字电路的一系列特点，使它在通信、自动控制、测量仪器等各个科学技术领域中得到了广泛应用。当代最杰出的科技成果——计算机，就是最典型的应用例子。数字电子技术的发展日新月异，内容越来越丰富，用途越来越广泛，技术越来越成熟。在生活中，人们越来越能感受到数字电子技术产品带来的方便与快捷。数字电路包含组合电路和时序电路两大类，下面对这两大类进行解读。

一、组合逻辑电路

（一）门电路

1. 基本门电路

“门电路”就是一种开关电路，当它的输入信号满足某种特定条件时，信号才允许通过，否则信号就不允许通过。如果把输入信号看作“条件”，把输出信号看作“结果”，那么当“条件”具备时，“结果”就会发生，即门电路的输入信号与输出信号之间存在一定的逻辑关系，因此门电路又被称为逻辑门电路。门电路是组成各种数字电路的基本单元。基本逻辑门电路有“与门”“或门”和“非门”3 种。下面分别举例说明“与”“或”“非”逻辑的意义和实现这 3 种逻辑运算的门电路。

（1）“与”逻辑与二极管“与门”电路。当决定一件事物结果发生的各个条件全部具备时，此事物结果才会发生；反之，有一个或一个以上条件不满足，事物结果就不会发生的逻辑关系称为“与”逻辑关系，或叫“乘”逻辑。

当开关 A、B 相互串联，只有当开关 A 和开关 B 都闭合时，灯 Y 才会亮。如果用“1”表示开关的闭合、条件的满足、结果的发生、高电平等，用“0”表示开关的断开、条件不满足、结果不发生、低电平等，则上述关系也可描述为：当逻辑变量 A 和 B 的取值均为 1 时，Y 的值才会为 1。可见，对灯 Y 亮这件事情而言，开关 A、开关 B 闭合是逻辑“与”的关系，并记作

$$Y = A \cdot B = AB \tag{4-28}$$

读作 Y 等于 A 与 B，把这种运算叫作与逻辑运算，简称为与运算。与运算和算术运算中的乘法运算是一样的，所以有时又叫逻辑乘法运算，所以上式又可读作 Y 等于 A 乘 B。为简化书写“与”逻辑开关电路“与”逻辑门电路符号，可以将 A · B 简写为 AB。

由于逻辑变量和逻辑函数都是二值的，2 个开关一共有 4 种开关状态，可用列表方式将开关和灯的状态罗列出来。令开关合上和灯亮用逻辑值 1 表示，反之用 0 表示。

（2）“或”逻辑与二极管“或门”电路。当决定一件事物结果发生的各个条件中，只要有任何一个条件具备时，此事物结果就会发生，仅当所有条件都不满足时，事物结果才不会发生的逻辑关系称为“或”逻辑关系，或叫逻辑相加。

当开关 A、B 相互并联，当开关 A 或者开关 B 闭合时，灯 Y 就会亮，也即当逻辑变量 A 或者 B 的取值为 1 时，Y 的值就会为 1。可见，对灯 Y 亮这件事情而言，开关 A、开关 B 闭合是逻辑“或”的关系，并记作

$$Y = A + B \tag{4-29}$$

读作 Y 等于 A 或 B，把这种运算叫作或逻辑运算，简称为或运算。或运算和算术运算中的加法运算是一样的，所以有时又叫逻辑加法运算，所以上式还可读作 Y 等于 A 加 B。

（3）“非”逻辑与三极管“非门”电路。当决定一件事物结果发生的

条件具备时，此事物结果不发生；而条件不满足时，此事物结果一定发生，这种因果关系称为“非”逻辑关系，或叫“非”运算。

若开关 A 处在断开位置，电路通，灯 Y 亮，开关处在闭合位置，电路不通，灯 Y 熄灭，即当逻辑变量 A 的取值为 1 时，Y 的值为 0，当 A 的取值为 0 时，Y 的值为 1。可见，对灯 Y 亮这件事情而言，其与开关 A 闭合是逻辑“非”的关系，并记作

$$Y=\overline{A} \tag{4-30}$$

读作 Y 等于 A 非，或者 Y 等于 A 反，A 上面的一横就表示“非”或“反”。这种运算叫作非逻辑运算或反逻辑运算，简称为非运算或反运算。

2．复合门电路

实际的逻辑问题常常比“与”“或”“非”逻辑复杂得多，不过它们都可以用“与”“或”“非”的组合来实现。最常见的复合逻辑门有与非门、或非门、异或门、同或门等。

（1）“与非”门电路。“与非”逻辑是先进行“与”再进行“非”的两级逻辑运算。“与非”逻辑关系可表示为

$$Y=\overline{AB} \tag{4-31}$$

“与非”逻辑具有“有 0 则 1，全 1 则 0”的逻辑特点。

（2）“或非”门电路。“或非”逻辑是先进行“或”再进行“非”的两级逻辑运算。“或非”逻辑关系可表示为

$$Y=\overline{A+B} \tag{4-32}$$

“或非”逻辑具有“有 1 则 0，全 0 则 1”的逻辑特点。

（3）“异或”门电路。“异或”逻辑的函数表达式为

$$Y=A\overline{B}+\overline{A}B=A\oplus B \tag{4-33}$$

“异或”逻辑有“相异为 1，相同为 0”的逻辑特点。

（4）“同或”门电路。“同或”逻辑的函数表达式为

$$F=AB+\overline{A}\overline{B}=\overline{A\oplus B} \tag{4-34}$$

3．逻辑门电路

逻辑门电路的三态输出与非门电路和普通与非门电路不同，它的输出端除了出现高电平和低电平外，还可以出现第三种状态——高阻状态。

逻辑门电路的三态与非门电路，使能输入端 EN 为高电平时，二极管 D 截止（开关断开），与其相连的多发射极管的相应发射结反偏截止，此时门电路相当于二输入的与非门。

（二）组合逻辑电路的分析与设计

“组合逻辑电路在实践中被广泛应用，研究其实现方法具有重要的现实意义和实用价值。”组合逻辑电路由门电路组合而成，电路中没有记忆单元，没有反馈通路。组合逻辑电路的输出是输入的逻辑函数，所以逻辑代数是分析组合逻辑电路的基础。

1．逻辑代数及其运算法则

同普通代数一样，逻辑代数也是用字母表示变量，用代数式描述客观事物间的关系。两者不同的是，逻辑代数是描述客观事物间的逻辑关系。因此，其变量和函数的取值只有两种可能性，即取值为“0”或取值为“1”。这里的逻辑值只表示两种不同的逻辑状态或条件是否满足，结果是否成立，不再具有数量大小的意义。在数字系统中，开关的接通与断开、晶体管的导通与截止、信号的有和无、节点电位的高与低，都可以用“1”或“0”两种不同的逻辑值来表示。“0”可以表示条件不满足、结果不成立，“1”可以表示条件满足、结果成立。反之，可用“0”表示条件满足、结果成立，用“1”表示条件不满足、结果不成立。

要描述一个数字系统，仅用逻辑变量的取值“1”或“0”来反映单个逻辑器件的两种状态是不够的，还必须反映一个复杂系统中各个逻辑器件之间的关系，这种相互关系，就是逻辑运算关系。逻辑代数中定义了 3 种基本逻辑运算：与逻辑运算（乘运算）、或逻辑运算（加运算）、非逻辑运算（取反运算）。根据这 3 种基本逻辑可推导出逻辑运算的一些法则，即下面列出的逻辑代数的运算法则。

逻辑代数有与普通代数类似的交换律、结合律、分配律等基本运算法则，也有其自身特有的规律。逻辑代数的基本定律有以下 9 条：

（1）0–1 律。运算规律：变量与常量的关系。表达式：

$$A+0=A，A\cdot 0=0 \tag{4-35}$$

$$A+1=1，A\cdot 1=A \tag{4-36}$$

（2）同一律。运算规律：逻辑代数的特殊规律，不同于普通代数。表达式：

$$A+A=A，A\cdot A=A \tag{4-37}$$

（3）互补律。运算规律：逻辑代数的特殊规律，不同于普通代数。表达式：

$$A+\overline{A}=1，A\cdot\overline{A}=0 \quad (4-38)$$

（4）非非律。运算规律：逻辑代数的特殊规律，不同于普通代数。表达式：

$$\overline{A}=A \quad (4-39)$$

（5）交换律。运算规律：与普通代数规律相同。表达式：

$$A+B=B+A，A\cdot B=B\cdot A \quad (4-40)$$

（6）结合律。运算规律：与普通代数规律相同。表达式：

$$(A+B)+C=A+(B+C) \quad (4-41)$$

$$(A\cdot B)\cdot C=A\cdot(B\cdot C) \quad (4-42)$$

（7）分配律。运算规律：与普通代数规律相同。表达式：

$$A\cdot(B+C)=A\cdot B+A\cdot C \quad (4-43)$$

（8）反演律。运算规律：逻辑代数的特殊规律，不同于普通代数。表达式：

$$\overline{A}+B=\overline{A}\cdot\overline{B}，\overline{A}\cdot\overline{B}=\overline{A}+\overline{B} \quad (4-44)$$

（9）吸收律。运算规律：逻辑代数的特殊规律，不同于普通代数。表达式：

$$A+AB=A \quad (4-45)$$

$$A+\overline{A}B=A+B \quad (4-46)$$

$$A(A+B)=A \quad (4-47)$$

$$(A+B)(A+C)=A+BC \quad (4-48)$$

$$AB+\overline{A}C+BC=AB+\overline{A}C \quad (4-49)$$

2．逻辑函数的化简

逻辑式的繁简程度直接影响到逻辑电路中所用元件的多少，逻辑函数的化简，不仅可以节省器件、降低成本，还可以提高电路的可靠性。通常情况下，化简就是将逻辑函数表达式化成最简与-或表达式。所谓最简的与-或表达式，就是表达式中所含的乘积项最少，且每个乘积项中所含变量的个数也最少。常用的化简方法有以下 4 种：

（1）并项法。利用公式 $A\overline{B}+AB=A$，将两项合并为一项，合并时消去一个变量，如：

$$L=AB\overline{C}+ABC=AB(\overline{C}+C)=AB \quad (4-50)$$

（2）吸收法。利用公式 $A+AB=A$，吸收多余的乘积项，如：

$$L=A\overline{B}+A\overline{B}(C+DE)=A\overline{B} \quad (4-51)$$

（3）消去法。利用公式 $A+\overline{A}B=A+B$，消去多余的变量，如：

$$L=AB+\overline{A}C+\overline{B}C=AB+(\overline{A}+\overline{B})C=AB+\overline{AB}C=AB+C \quad (4\text{-}52)$$

（4）配项法。利用公式 $AB+\overline{A}C+BC=AB+\overline{A}C$，为原逻辑函数的某一项配上一项，有利于函数重新组合和化简，或将逻辑函数乘以 $1=(A+\overline{A})$，以获得新的项，便于重新组合，如：

$$L=AB+\overline{A}C+BCD=AB+\overline{A}C+BCD(A+\overline{A})=AB+\overline{A}C+ABCD+\overline{A}BCD=AB+\overline{A}C \quad (4\text{-}53)$$

上述常用方法，可以化简比较简单的逻辑函数，而实际中遇到的逻辑函数往往比较复杂，化简时应灵活使用公式、定理和规则，综合运用各种方法，才能获得好的化简结果。

3．组合逻辑电路的分析

组合逻辑电路的分析是对给定逻辑电路获得其逻辑功能的过程，组合逻辑电路的输出是输入的逻辑函数，所以组合逻辑电路的分析以写出组合逻辑电路的逻辑函数表达式为核心，其一般步骤包括：①根据给定组合电路逻辑图，逐级写出组合电路中各个门的输出逻辑表达式；②化简输出逻辑表达式；③由化简后的输出逻辑表达式列出真值表；④根据真值表分析组合电路的逻辑功能。

4．组合逻辑电路的设计

组合逻辑电路的设计是从对电路的逻辑要求出发，设计出满足要求的逻辑电路的过程。组合逻辑电路设计的一般步骤有四个：①根据逻辑要求，确定输入（变量）输出（函数）的个数及其逻辑值，列出组合电路的真值表；②根据所得组合电路的真值表，化简得逻辑函数的最简与-或表达式；③根据所用门电路类型，将最简与-或表达式转换成与门电路类型相对应的表达式；④根据所得逻辑函数表达式，画逻辑电路图。

（三）加法器

1．数制

数制就是计数的进制。在日常生活中，人们最熟悉的是十进制，它有 0、1、2、…、9 共 10 个数码。在计算机和数字电路中，常用的是二进制数，它只有“0”和“1”两个数码，分别代表数字信号“0”和“1”两个不同的状态。

十进制数是“逢 10 进 1”，对于任意一个十进制整数，可用多项式表示为

$$N_{(10)} = \sum_{i=0}^{n-1} a_i \times 10^i \qquad (4\text{-}54)$$

式中：a_i 是10^i位的系数，称为十进制数的基数，比如 0、1、2、3、…、9。

把一个十进制数转换成一个二进制数，常用的方法是采用“除基取余”法，即将十进制数的整数部分逐次被基数 2 除，每次除完后所得的余数便为要转换的数码，直到商为 0 时止。第 1 个余数为最低位，最后 1 个余数为最高位。概括来说就是：除以 2 取余，逆序输出。

2．半加器

算术运算是数字系统的基本功能，更是计算机中不可缺少的组成部分。由于在两个二进制数之间的加、减、乘、除等算术运算过程，最终都可化作若干步加法运算来完成，因此，加法器是算术运算的基本单元。加法器是能实现二进制加法逻辑运算的组合逻辑电路，但二进制加法运算与逻辑加法运算的含义不同。前者是数值的运算，后者是逻辑运算，在二进制加法中 1+1＝10，而在逻辑运算中 1+1＝1。只考虑两个一位二进制数的相加，而不考虑来自低位进位数的运算电路，称为半加器。例如：某位的两个加数 A 和 B 相加，它除产生本位和数 S 之外，还有一个向高位的进位数。因此，输入信号为加数 A 和被加数 B，输出信号为本位和 S 以及向高位的进位 CO。根据半加器的定义，由真值表得输出函数表达式：

$$S = AB + \overline{A}B = A \oplus B \qquad (4\text{-}55)$$

$$CO = AB \qquad (4\text{-}56)$$

显然，半加器的和函数 S 是其输入 A、B 的异或函数；进位函数 CO 是 A 和 B 的逻辑乘。用一个异或门和一个与门即可实现半加器功能。

3．全加器

全加器不仅有被加数 A 和加数 B，还有低位来的进位 CI 作为输入。3 个输入相加产生全加器的两个本位和 S 及向高位的进位 CO。

根据全加器功能可得真值表，直接写出 S 和 CO 的输出逻辑函数表达式，再经代数法化简和转换得

$$S=\overline{AB}CI+\overline{A}B\overline{CI}+A\overline{BCI}+ABCI=\overline{(A \oplus B)}CI+(A \oplus B)\overline{CI}=A \oplus B \oplus CI \qquad (4\text{-}57)$$

$$CO = \overline{A}BCI + A\overline{B}CI + AB\overline{CI} + ABCI = AB + (A \oplus B)CI \qquad (4\text{-}58)$$

由此可见，和函数 S 是 3 个输入变量的异或。为了利用和函数的共同项，进位函数 CO 按上式所示化简，而不是按最简与或式化简得逻辑图。用全加器可以实现多位二进制加法运算。

（四）编码器

1．编码

用文字、符号或数码表示特定对象的过程称为编码，如邮政编码、身份证号码、汽车牌号等。在数字电路中用二进制代码表示有关信号，称为二进制代码。用来完成编码工作的逻辑电路称为编码器。组合逻辑部件中的编码器是对输入赋予一定的二进制代码，给定输入就会有相应的二进制码输出。常用的编码器有二进制编码器和二-十进制编码器等。

二进制编码器是指输入变量数（m）和输出变量数（n）成 2^n 倍关系的编码器，如 4 线/2 线、8 线/3 线、16 线/4 线的集成二进制编码器；二-十进制编码器是输入十进制数（10 个输入分别代表 0~9 这 10 个数）输出相应 BCD 码的 10 线/4 线编码器。

2．二-十进制编码器

二-十进制编码器对 10 个输入代表 $I_0 \sim I_9$（0~9）进行 8421 BCD 编码，输出一位 BCD 码（ABCD）。因为有 10 个输入信号，所以用四位二进制数来表示一位十制数。输入十进制数可以是键盘，也可以是开关输入。若输入信号低电平有效，可得二-十进制编码器真值表。事实上，只有当输入的电平不是高电平（即低电平）时，这个输入变量才会被认为是有效的。真值表可得输出逻辑函数为

$$\left.\begin{aligned} D &= I_9 + I_8 = \overline{\bar{I}_9 \bar{I}_8} \\ C &= I_7 + I_6 + I_5 + I_4 = \overline{\bar{I}_7 \bar{I}_6 \bar{I}_5 \bar{I}_4} \\ B &= I_7 + I_6 + I_3 + I_2 = \overline{\bar{I}_7 \bar{I}_6 \bar{I}_3 \bar{I}_2} \\ A &= I_9 + I_7 + I_6 + I_3 + I_1 = \overline{\bar{I}_9 \bar{I}_7 \bar{I}_6 \bar{I}_3 \bar{I}_1} \end{aligned}\right\} \tag{4-59}$$

3．优先编码器

10 个输入中只允许一个输入有信号（输入低电平）。若 $\bar{I}_1$ 和 $\bar{I}_2$ 同时为 0，则输出 BA 为 11，此二进制码是 $\bar{I}_3$ 有输入时的输出编码，即此编码器在

多个输入有效时会出现逻辑错误。在无输入时，即输入全为 1 时，输出 DCBA 为 0000，与 $\bar{I}_0$ 为 0 时相同。也就是说，当 DCBA＝0000 时，输入端 $\bar{I}_0$ 并不一定有信号输入。

为了解决多个输入同时有效问题，可采用优先编码方式。优先编码器在多个信息同时输入时，只对输入中优先级别最高的信号进行编码。在优先编码器中，优先级别高的信号排斥级别低的，即具有单方面排斥的特性。

（五）译码和数字显示

译码器是编码器的逆过程，它的功能是将二进制代码按编码时的原意转换为相应的信息状态。能实现译码功能的电路称为译码器。译码器按功能分为两大类：通用译码器和显示译码器。

1．二进制通用译码器

二进制通用译码器是指将输入 n 位二进制码还原成 2^n 个输出信号，或将一位 BCD 码还原为 10 个输出信号的译码器，有 2 线/4 线译码器、3 线/8 线译码器、4 线/10 线译码器等。

译码器的逻辑式：

$$\left.\begin{aligned}
\bar{Y}_0 &= \overline{\bar{A}_2\bar{A}_1\bar{A}_0} \\
\bar{Y}_1 &= \overline{\bar{A}_2\bar{A}_1 A_0} \\
\bar{Y}_2 &= \overline{\bar{A}_2 A_1\bar{A}_0} \\
\bar{Y}_3 &= \overline{\bar{A}_2 A_1 A_0} \\
\bar{Y}_4 &= \overline{A_2\bar{A}_1\bar{A}_0} \\
\bar{Y}_5 &= \overline{A_2\bar{A}_1 A_0} \\
\bar{Y}_6 &= \overline{A_2 A_1\bar{A}_0} \\
\bar{Y}_7 &= \overline{A_2 A_1 A_0}
\end{aligned}\right\} \tag{4-60}$$

2．二–十进制显示译码器

在数字系统中，常常需要将数字、字母、符号等直观地显示出来，供人们读取或监视系统的工作情况。能够显示数字、字母或符号的器件称为数字显示器。

在数字电路中，数字量都是以一定的代码形式出现的，所以这些数字量要先经过译码，才能送到数字显示器去显示。这种能把数字量翻译成数字显示器所能识别的信号的译码器称为数字显示译码器。

常用的数字显示器有两种分类方式：①按显示方式分，有字型重叠式、点阵式、分段式等；②按发光物质分，有半导体显示器［又称发光二极管（LED）显示器］、荧光显示器、液晶显示器、气体放电管显示器等。目前应用最广泛的是由发光二极管构成的七段数字显示器。

（1）七段数字显示器。七段数字显示器就是将七个发光二极管（加小数点为八个）按一定的方式排列起来，a、b、c、d、e、f、g 七段各对应一个发光二极管，利用不同发光段的组合，显示不同的阿拉伯数字。根据内部连接的不同，LED 显示器有共阴和共阳之分。共阴极 LED 显示器适用于高电平驱动，共阳极 LED 显示器适用于低电平驱动。

半导体显示器的优点是工作电压较低（1.5~3 V）、体积小、寿命长、亮度高、响应速度快、工作可靠性高；缺点是工作电流大，每个字段的工作电流约为 10 mA。

（2）集成七段显示译码器 74LS48。集成显示译码器有多种型号，如逻辑门电路的集成显示译码器、CMOS 集成显示译码器等。它有高电平输出有效的，也有低电平输出有效的；有推挽输出结构的，也有集电极开路输出结构的；有带输入锁存的，有带计数器的。就七段显示译码器而言，它们的功能大同小异，主要区别在于输出有效电平。

74LS48 除了有实现七段显示译码器基本功能的输入和输出端外，还引入了灯测试输入端和动态灭零输入端，以及既有输入功能又有输出功能的消隐输入/动态灭零输出端。

二、时序逻辑电路

时序逻辑电路是由具有记忆功能的触发器组成的，它的输出信号不仅与电路当时的输入信号有关，而且与电路以前所处的状态也有关，即时序电路具有记忆功能。

（一）触发器

触发器是时序逻辑电路的记忆元件，为了实现记忆一位二值信号的功能，触发器必须具备两个基本的特点：①具有两个能自行保持的稳定状态，用来表示二值信号的“0”或“1”；②不同的输入信号可以将触发器置成

“0”或“1”的状态。

触发器的种类很多，根据触发器电路结构的特点，可以将触发器分为基本 RS 触发器、同步 RS 触发器、主从触发器、维持阻塞触发器和 CMOS 边沿触发器等几种类型。根据触发器逻辑功能的不同，又可以将触发器分为 RS 触发器、JK 触发器、D 触发器和 T 触发器等几种类型。因含有触发器是时序逻辑电路的特征，在讨论时序逻辑电路问题之前，先来讨论触发器电路的结构和动作特点。

1．RS 触发器

（1）基本 RS 触发器的电路结构和动作特点。基本 RS 触发器的电路结构是由两个与非门的输入、输出端交叉连接而成。对于基本 RS 触发器来说，其主要的特点包括：能够存储一位二值信息；具有两种稳定的状态，即 0 状态和 1 状态；在特定输入信号的作用下，可以从一种状态转换到另一种状态；如果没有输入信号作用，触发器将保持当前的状态不变。

（2）同步 RS 触发器。基本 RS 触发器的输出状态是由输入信号直接控制的，所以，基本 RS 触发器又称为直接复位、置位触发器。但为了解决多个触发器同步工作的问题，发明了同步 RS 触发器。同步 RS 触发器在一个时钟脉冲时间内，输出状态有可能发生两次或两次以上的翻转，触发器的这种翻转现象在数字电路中称为空翻。因触发器正常工作的干扰信号可能会引起空翻，所以，触发器的空翻影响触发器的抗干扰能力。

（3）触发器的工作波形图。触发器的动作特点除了用逻辑状态表来描述外，还可以用工作波形图来描述。画触发器工作波形图的要点：在输入信号的跳变处引入虚线，并在时间轴上标明时间，根据逻辑状态表画出每一时间间隔内的信号。

2．JK 触发器

（1）主从型 JK 触发器的电路结构和动作特点。同步 RS 触发器虽然解决了同步工作的问题，但还存在着每个 CP 周期内触发器的输出状态多次改变的空翻问题，主从触发器就是为了解决触发器空翻的问题而设计的。

JK 触发器的动作特点：在 CP 信号为高电平“1”时，主触发器的输入控制门 G7 和 G8 打开，输入信号 J 和 K 可以使主触发器的输出状态发生变化。因从触发器的输入控制门（即 CP 信号）是低电平有效的，所以，从触发器的输入控制门 G3 和 G4 关闭，主触发器的输出信号不能输入从触发器使其状态发生变化，从触发器保持原态。

（2）主从型 JK 触发器的工作波形图。用画波形图的方法分析触发器的工作情况时，必须注意的内容包括两点：①触发器的触发翻转发生在时钟脉冲的触发边沿；②判断主从触发器状态的依据是下降沿前（触发沿为下降沿时）瞬间或上升沿前（触发沿为上升沿时）输入端的状态。

3. D 触发器

触发器的结构类型有多种，除上述的主从型外，常用的还有边沿触发器。边沿触发器的次态取决于 CP 边沿（上升沿或下降沿）到达时刻输入信号的状态，而与此边沿时刻以前或以后的输入状态无关，因而可以提高它的可靠性和抗干扰能力。

边沿触发器有利用 CMOS 管组成的触发器，还有逻辑门电路的维持阻塞触发器和利用传输延迟时间组成的边沿触发器等，这些触发器的电路结构虽然不相同，但它们的逻辑功能和符号都是相同的。

维持阻塞型 D 触发器由 3 个与非门构成的基本 RS 触发器组成，其中 G_3、G_4 和 G_5、G_6 构成两组基本 RS 触发器，它们响应外部输入数据 D 和时钟信号 CP，它们的输出信号 Q_1、Q_5 作为信号控制着由 G_1、G_2 构成的第 3 个基本 RS 触发器的状态。

（二）寄存器

寄存器是指可以存储二进制代码的器件，它是用来暂时存放参与运算的数据和运算结果的。1 个触发器可存储 1 位二进制数据，存储 1 位二进制数据，就需要选用 n 个触发器。

寄存器输入数据的方式有串行和并行两种。串行方式是指数据随时钟信号 CP 的节拍从一个输入端逐位地存入；并行方式就是数码各位从各对应位输入端同时输入。

寄存器输出数据的方式也有串行和并行两种。串行方式是指被取出的数据在同一个输出端逐位出现；并行方式是指被取出的几位数据同时出现。

根据数据有无移位功能，通常将寄存器分为数码寄存器和移位寄存器两类。

1. 数码寄存器

数码寄存器只有存储数码和清除原有数码的功能。如一种四位数码寄存器，它由 4 个上升沿触发的 D 触发器组成，是异步清零控制端。在向寄存器中寄存代码之前，必须先将寄存器清零，否则有可能出错。IE 是输入控制信号，当 IE＝1 时，4 个与门打开，D_3~D_0便可以输入。OE 是输出控制信号，当 OE＝1 时，4 个三态门打开，D_3~D_0便可从三态门的 Q_3~Q_0端输出。CP 是时钟控制信号。

2．移位寄存器

具有移位功能的寄存器称为移位寄存器。在移位脉冲的作用下，可将寄存器里存储的二进制代码依次移位，用来实现数据的串行/并行或并行/串行转换、数值运算以及数据处理等功能。移位寄存器属于同步时序电路。

由 D 触发器组成的四位移位寄存器，将一列串行数据从移位寄存器的数据信号输入端输入，在触发脉冲的作用下，串行数据逐个输入移位寄存器，经 4 个触发脉冲以后，4 位串行数据全部输入移位寄存器。

（三）计数器

在数字电路中，将能够实现计数逻辑功能的器件称为计数器，计数器计数的脉冲信号是触发器输入的 CP 信号。计数器的种类繁多，如果按计数器中的触发器是否同时翻转分类，可以把计数器分为同步式和异步式两种。在同步式计数器中，当时钟脉冲输入时所有触发器同时翻转；而在异步式计数器中，触发器的翻转有先有后，不是同时发生的。另外，按计数增减趋势分，有加法计数器、减法计数器和可逆计数器（或称为加/减计数器）；按数字的编码方式分，有二进制计数器、BCD 码（又称二-十进制）计数器、循环码计数器等；按内部器件分，有逻辑门电路和 CMOS 计数器等；按计数器的计数容量分，有二进制计数器、十进制计数器和任意进制计数器。

1．二进制计数器

触发器有“1”和“0”两个状态，二进制有“1”和“0”两个数码，因此，一个触发器可以用来表示一位二进制数。如果要表示几位二进制数，就需要使用几个触发器。

能够实现二进制数计数功能的器件称为二进制计数器。二进制计数器有加法和减法、同步和异步之分。

四位二进制数计数器是数字电路中常用的器件，又称为十六进制计数器。下面介绍两种实现四位二进制加法的计数器。

（1）异步二进制计数器。每来一个计数脉冲，最低位触发器翻转一次；

而高位触发器是在相邻的低位触发器从 1 变为 0 时翻转。因此可用 4 个主从型 JK 触发器来组成四位异步二进制加法计数器。每个触发器的 J、K 端悬空，相当于其接“1”，故具有计数功能。触发器的进位脉冲从输出端（Q 端）输出送到相邻高位触发器的 CP 端，这符合主从型触发器下降沿触发的特点。

（2）同步二进制计数器。同步计数器的特点是，计数脉冲作为时钟信号同时接到各位触发器的 CP 输入端，在每次时钟脉冲沿到来之前，根据当前计数器状态，利用组合逻辑控制，准备好适当的条件。从而，当计数脉冲沿到来时，所有应翻转的触发器同时翻转，同时，也使所有应保持原状的触发器不改变状态。

2．十进制计数器

为读数方便，有时采用十进制计数器。能够实现十进制数计数功能的器件称为十进制计数器，它是在二进制计数器的基础上得出的，通常采用 8421 码的前 10 种组合状态 0000~1001 来表示十进制的 0~9 十个数码，所以十进制计数器应由 4 个触发器组成。十进制计数器同样有加法和减法、同步和异步之分。

第五章　集成电路与微波技术

第一节　集成电路及其封装测试

一、集成电路概述

集成电路是通过一系列特定的加工工艺，将晶体三极管、二极管等有源器件和电阻、电容等无源器件，按照设计的电路互连，“集成”在一块半导体单晶片（如硅或砷化镓）上后，封装在外壳内的电路组件单元；通过引脚线完成集成电路芯片与外部的连接。

“集成电路作为电子信息技术产业的核心，已成为全球关键核心技术竞争的焦点。”以集成电路为代表的微电子技术是电子信息技术的基石；而集成电路产业又代表了一个国家的科学技术和工业水平，并且是材料、精密机械、化学、光学、电子学、控制、系统集成等多学科联合协同的产品。

（一）集成电路的分类

1．按功能分类

按功能的不同，可将集成电路分为以下三类：

（1）数字集成电路。数字集成电路是指处理数字信号的集成电路，即采用二进制方式进行数字计算和逻辑函数运算的一类集成电路。

（2）模拟集成电路。模拟集成电路是指处理模拟信号（连续变化的信号）的集成电路，包括线性和非线性两类。线性集成电路又叫作放大集成电路，如运算放大器、电压比较器等；非线性集成电路，如振荡器、定时器等。

（3）数模混合集成电路。例如，数模（D/A）转换器和模数（A/D）转换器等。

2．按结构形式分类

按结构形式的不同，可将集成电路分为以下两类：

（1）单片集成电路。单片集成电路是指电路中所有的元器件都制作在同一块半导体基片上的集成电路。在半导体集成电路中最常用的半导体材料是硅，除此之外还有镓、砷等。

（2）混合集成电路。混合集成电路包括厚膜集成电路和薄膜集成电路。其中薄膜集成电路的膜厚度小于 1 μm，厚膜集成电路的膜厚度大于 1 μm。

3．按有源器件及工艺类型分类

按有源器件及工艺类型的不同，可将集成电路分为以下三类：

（1）双极集成电路。双极集成电路由双极型晶体管组成，有 NPN 型双极集成电路和 PNP 型双极集成电路。中、小规模数字集成电路 TTL、ECL 和许多模拟集成电路都是双极型集成电路。

（2）MOS 集成电路。MOS 集成电路有 NMOS 集成电路、PMOS 集成电路和 CMOS 集成电路 3 种。其中 CMOS 集成电路由于集成度高、功耗小，随着工艺技术的进步，运行速度也很快、噪声也较小，因而已经成为当前数字和模拟（特别是数字）集成电路的主流技术。

（3）双极与 MOS 混合集成电路——BiCMOS 集成电路。这种集成电路中同时含有双极型晶体管和 MOS 场效应管，这是为了提高某种性能或满足某种需要，利用双极型器件和 MOS 器件各自的特点而采取的一种工艺技术。它综合了双极和 MOS 器件两者的优点，但制作工艺复杂。

4．按集成电路规模分类

集成度是指每块集成电路芯片中包含的元器件数目，按集成电路规模的不同，集成电路可分为 5 种：①小规模集成电路；②中规模集成电路；③大规模集成电路；④超大规模集成电路；⑤巨大规模集成电路。

5．按应用和实现方法分类

按应用和实现方法的不同，可将集成电路分为以下五类：

（1）模拟电路和数字电路。这是根据处理信号形式的不同而进行分类的。模拟电路用于传递和处理模拟信号，如放大器电路、滤波电路、变压电路等，常见于收音机、电视机、电话机、变压器等电路中。数字电路则用于传递和处理数字信号。

（2）线性电路和非线性电路。根据电路的行为特性，可以将电子电路分为线性电路和非线性电路。线性电路的行为可以用线性方程来描述，非线性电路的行为则不能用线性方程来描述。

（3）连续时间电路和离散时间电路。根据信号的连续性，可以将电子电路分为连续时间电路和离散时间电路。连续时间电路在任何时间点都有信号，而离散时间电路只在特定的时间点有信号。

（4）数字模拟混合电路。这类电路同时包含数字和模拟两种类型的电子器件，常用于实现复杂的电子系统。

（5）射频微波电路。这类电路主要用于处理高频信号，如无线电信号等。

（二）集成电路的材料

制造集成电路的基础是高纯度、单晶、大尺寸的半导体材料，尺寸越大（如 8 in、12 in），生产效率越高。

固体材料按其导电能力可以分为超导体、导体、半导体和绝缘体 4 类。它们是构成集成电路所需的 4 类材料。超导体的电导率大于 10^6 S/cm，导体的电导率为 10^6~10^4 S/cm，半导体的电导率为 10^4~10^{-10} S/cm，绝缘体的电导率小于 10^{-10} S/cm。

典型的集成电路材料分为 3 类：①导体，包括铝（Al）、金（Au）、钨（W）、铜（Cu）等金属，镍铬等合金，重掺杂的多晶硅；②半导体，包括硅（Si）、锗（Ge）、砷化镓（GaAs）、磷化铟（InP）、氮化镓（GaN）等；③绝缘体，包括二氧化硅（SiO_2）、氮氧化硅（SiON）、氮化硅（Si_3N_4）等。

导体铝、金、钨、铜等金属和镍铬等合金在集成电路工艺中主要具有 8 项功能：①构成低值电阻；②构成电容元件的极板；③构成电感元件的绕线；④构成传输线（微带线和共面波导）的导体结构；⑤与轻掺杂半导体构成肖特基结接触；⑥与重掺杂半导体构成半导体器件电极的欧姆接触；⑦构成元器件之间的互连；⑧构成与外界焊接用的焊盘。重掺杂的多晶硅电导率接近导体，因此常常被当作导体看待，主要用来构成 MOS 晶体管的栅极以及元器件之间的短距离互连。

绝缘体二氧化硅、氮氧化硅、氮化硅等硅的氧化物和氮化物在集成电路工艺中主要有 5 项功能：①构成电容的绝缘介质；②构成金属-氧化物-半导体器件（MOS）的栅绝缘层；③构成元件和互连线之间的横向隔离；④构成工艺层面之间的垂直隔离；⑤构成防止表面机械损伤和化学污染的钝化层。

半导体材料毫无疑问是集成电路制造中的核心材料，在导体和绝缘体材料的连接或阻隔下组成各种半导体器件。其方法是通过掺入杂质改变半导体的性质，使之成为 P 型半导体或者 N 型半导体。由 P 型、N 型半导体即可构成半导体二极管和三极管等器件。对不同区域的半导体材料进行不同类型和浓度的掺杂，可以形成不同类型、不同功能的晶体管。

制造集成电路所用的材料主要包括硅（Si）、锗（Ge）等半导体，以及砷化镓（GaAs）、铝镓砷（AlGaAs）、铟镓砷（InGaAs）等半导体的化合物，其中常用的集成电路半导体材料分为两大类：①硅（Si）；②砷化镓（GaAs）。几乎 90%以上的电子器件和电路都是以硅为基础的。

目前，用于 ASIC 设计的主体是硅材料。在一些高速和超高速 ASIC 设计中采用了 GaAs 材料。用 GaAs 材料制成的集成电路，可以大大提高电路运行传输速度。GaAs 材料具有良好的高频高速性能和半绝缘性，可以不需要采用特殊的隔离技术而将平面传输线、无源元件和有源元件集成在同一块芯片上，更进一步地减小了微波电路的体积。正是由于 GaAs 技术的问世与 GaAs 材料的特性，才促成了单片微波集成电路的发展。GaAs 还具有抗辐射性，这在军用系统的应用中具有重要的意义。

随着集成电路集成度的不断提高，器件特征尺寸减小，器件内部以及器件与器件之间通过衬底的相互作用愈来愈严重，出现了一系列材料、器件物理、设计和工艺等方面的新问题，使得深亚微米集成电路的集成度、可靠性受到了影响。为了克服这些问题，除了采用先进的工艺技术外，开发新型材料及探索新型高性能器件和电路结构，成为超高速集成电路所面临的问题。绝缘衬底硅材料，因其具有电路速度快、抗辐射、低功耗和耐高温等特点，同时具有简化工艺流程、提高集成密度、减小软误差等优势，受到广泛重视，有可能成为新一代存储器电路的优先选用材料。GeSi/Si 应变超晶格材料，以其器件、电路的工作频率高、功耗小等特点优于硅，以其价廉而胜于 GaAs，加之与硅 CMOS 集成电路工艺兼容、成本低的优点，在微波器件和移动通信高频电路等产业领域有着广泛的应用前景和竞争优势。

（三）集成电路的制造工艺

1. 集成电路的制造工艺类型简介

（1）前工序。前工序包括从晶片开始加工到中间测试之前的所有工序。前工序结束时，半导体器件的核心部分——管芯就形成了。前工序中包括三类工艺：①薄膜制备工艺，包括氧化、外延、化学气相沉积、蒸发、溅射等；②掺杂工艺，包括离子注入和扩散；③图形加工技术，包括制版和光刻。

（2）后工序。后工序包括从中间测试开始到器件完成的所有工序，有中间测试、划片、贴片、焊接、封装、成品测试等。

（3）辅助工序。前、后工序的内容是 IC 工艺流程直接涉及到的工序，为保证整个工艺流程的进行，还需要一些辅助性的工序，包括三项：①超净环境的制备。IC，特别是 VLSI 的生产，需要超净的环境。②高纯水、气的制备。IC 生产中所用的水必须是去离子、去中性原子团和细菌，绝缘电阻率高达 15 MΩ·cm 以上的电子级纯水；所使用的各种气体也必须是高纯度的。③材料准备。包括制备单晶、切片、磨片、抛光等工序，制成 IC 生产所需要的单晶圆片。

2．集成电路的基本加工工艺

（1）外延工艺。外延层可完成掺杂、隔离、串通等功能。不同的外延工艺可制备不同的材料系统。目前常见的外延技术为化学气相沉积（CVD）、金属有机物化学气相沉积（MOCVD）和分子束外延（MBE）。

化学气相沉积生长也称气相外延（VPE），CVD 是通过气体化合物之间的化学反应而形成的一种生长外延层的工艺。通过晶圆表面吸附反应物，在高温下发生反应，生成外延层，吸附沉积的硅原子需要较高的迁移率，能够在表面自由移动来形成完整的晶格，因此，CVD 需要较高的温度。

金属有机化合物气相沉积又被称为金属有机化合物气相外延（MOVPE），MOCVD 是由 CVD 技术发展起来的，是属于 CVD 技术的一种。由于许多IIII族元素有机化合物和 V 族元素氢化物在较低温度下即可成为气态，因此在金属有机物化学气相沉积过程中反应物不需要高温，只需要在衬底附近存在高温区使得几种反应物能够在衬底附近发生化学沉积反应即可。

MOCVD 是一种冷壁工艺，只要将衬底加热到一定温度即可，炉体其他部分不需要高温。目前，MOCVD 主要是在 GaAs、InP 等化合物半导体衬底上生长与之匹配的单晶外延材料，是一种被广泛应用于化合物半导体光电子、微电子器件的外延生长技术。

分子束外延（MBE）是一种化合物半导体多层薄膜的物理沉积技术。其基本原理是在超高真空条件下，将组成薄膜的各元素在各自的分子束炉中加热成定向分子束入射到加热的衬底上，通过控制衬底温度和分子束流强等参数，实现对薄膜厚度、成分和结构等的控制。

（2）掩模的制版工艺。在集成电路开始制造之前，需要预先设定好每个工艺的制造过程和先后顺序。每个工艺中都需要掩模来覆盖暂时不需要加工的位置，需要加工的位置则要按照一定的图形来加工。版图设计就是将集成电路的布局按照集成电路工艺过程分为多层掩模版的过程。制版就是要产生一套分层的版图掩模，为将来设计的版图转移到晶圆上做准备，掩模版主要用在光刻工艺过程中。

掩模版可分成整版及单片版，整版是指晶圆上所有的集成电路芯片的版图都是由该掩模一次投影制作出来的，各个单元的集成电路可以不同；单片版是指版图只对应晶圆上的一个单元，其他单元是该单元的重复投影，晶圆上各个芯片是相同的。早期掩模制造是通过画图照相微缩形成的。光学掩模版是用石英玻璃做成的均匀平坦的薄片，表面上涂一层 60~80 nm 厚的铬，使其表面光洁度更高，称之为铬版，通常也称为光学（掩模）版。

（3）氧化工艺。

1）SiO_2薄膜在集成电路中的作用。在集成电路的制作过程中，要对硅反复进行氧化，制备 SiO_2薄膜。SiO_2薄膜在集成电路的制作过程中主要有 5 种作用：①作为对杂质选择扩散的掩模；②作为 MOS 器件的绝缘栅材料；③作为器件表面的保护（钝化）膜；④作为绝缘介质和隔离介质，如器件之间的隔离、层间隔离等；⑤作为集成电路中电容器元件的介质。

2）热氧化原理与方法。生长 SiO_2薄膜的方法有多种，如热氧化、阳极氧化、化学气相沉积等，其中以热氧化和化学气相沉积最为常用。热氧化生成 SiO_2薄膜是将硅片放入高温（1 000~1 200 ℃）的氧化炉内，然后通入氧气，在氧化环境中使硅表面发生氧化，生成 SiO_2薄膜。

根据氧化环境的不同，又可把热氧化分为干氧法和湿氧法两种。如果氧化环境是纯氧气，这种生成 SiO_2薄膜的方法就称为干氧法。如果让氧气先通过 95 ℃的去离子水，携带一部分水汽进入氧化炉，则氧化环境就是氧气加水汽，这种生成 SiO_2薄膜的方法就是湿氧法。湿氧法由于氧化环境中有水汽存在，所以氧化过程不仅有氧气对硅的氧化作用，还有水汽对硅的氧化作用。干氧法生成的 SiO_2薄膜结构致密、排列均匀、重复性好，不仅掩蔽能力强、钝化效果好，而且在光刻时与光刻胶接触良好，但生长速度太慢。如同样在 1 200 ℃高温下生成 0.6 μm 的 SiO_2薄膜，用湿氧法大约需要 32 min，而用干氧法则需要 8 h，这在生产上就会使效率降低。

（4）掺杂工艺。掺杂工艺是一种非常重要的基础工艺。集成电路生产过程中要对半导体基片的一定区域掺入一定浓度的杂质元素，形成不同类型的半导体层，来制作各种器件，这就是掺杂工艺。

1）扩散工艺。物质的微粒总是时刻不停地处于运动之中，称之为热运动。在热运动的作用下，物质的微粒都有一种从浓度高的地方向浓度低的地方运动的趋势，这就是扩散。扩散的机理有两种：替位扩散和填隙扩散。在高温的情况下，单晶固体中的晶格原子围绕其平衡位置振动，偶然也可能会获得足够的能量离开原来的位置而形成填隙原子，原来的位置就形成空位，而邻近的杂质原子向空位迁移，这就是杂质的替位扩散方式。杂质原子也可能以填隙原子的形式从一处移到另一处而并不占据晶格位置，这种方式称为杂质的填隙扩散。

常用扩散方法有 4 种：①液态源扩散：使保护气体（如氮气、氩气）通过含有杂质元素的液态源，携带杂质蒸气进入高温扩散炉内的石英管中，杂质蒸气经高温热分解并与硅片表面的硅原子反应，生成杂质原子，然后以杂质原子的形式向硅片内扩散。液态源扩散具有设备简单、操作方便、重复性好等优点，是生产中常采用的一种扩散方式。②片状源扩散：将含有杂质元素的固态扩散源做成片状，并将它与硅片间隔放置在扩散炉内进行扩散。③固-固扩散：在硅片表面先生成一层含有一定量杂质的薄膜，然后在高温下使这些杂质向硅片内扩散。磷、硼、砷等杂质都可通过这种方式扩散。掺杂的薄膜可以是掺杂的氧化物、多晶硅、氮化物等，其中以掺杂氧化物最为常用。④涂层扩散：将杂质掺到化合物溶液中，并将这种含有杂质的化合物溶液涂布在硅片表面，在保护环境下进行高温条件下的扩散。SiO_2乳胶是一种常用于涂层扩散的化合物。

2）离子注入技术。这种技术是将杂质元素的原子离子化，使其成为带电的杂质离子，然后用电场加速这些杂质离子，使其具有很高的能量（一般为几万到几十万电子伏特），并用这些杂质离子直接轰击半导体基片。离子注入掺杂也分为离子注入和退火再分布。杂质浓度最大的地方离硅片表面有一定距离。

离子注入离子纯度高、污染少，注入剂量范围宽。离子注入时，衬底一般是保持在较低温度，杂质深度分布可控。离子注入不受杂质在材料中溶解度的限制，容易实现化合物半导体的掺杂。

（5）光刻工艺。光刻工艺是指借助于掩模版，并利用光敏的抗蚀涂层发生的光化学反应，结合刻蚀方法在各种薄膜（如 SiO_2薄膜、多晶硅薄膜和各种金属膜）上刻蚀出各种所需要的图形，实现掩模版图形到硅片表面各种薄膜上图形的转移。

光刻一般包括以下 7 个步骤：

1）涂胶。涂胶就是在硅片表面的 SiO_2薄膜上均匀地涂上一层厚度适当的光刻胶，使光刻胶与 SiO_2薄膜黏附良好。

2）前烘。为了使胶膜里的溶剂充分挥发，使胶膜干燥，以增加胶膜与 SiO_2膜的黏附性和胶膜的耐磨性，涂胶后要对其进行前烘。前烘常用的方法有两种：①在 80 ℃恒温干燥箱中烘 10~15 min；②用红外灯烘焙。

3）曝光。曝光是将光刻版覆盖在涂好光刻胶的硅片上，用紫外光进行选择性照射，使受光照部分的光刻胶发生化学反应。

4）显影。经过紫外光照射后的光刻胶部分，由于发生了化学反应而改变了它在显影液里的溶解度，因此将曝光后的硅片放入显影液中就可显示出需要的图形。对于负胶来说，未受紫外光照射的部分将被显影液洗掉。

5）坚膜。显影以后，光刻胶膜可能会因含有残留的溶剂而被泡软、膨胀，所以要对其进行坚膜。

6）腐蚀。用适当的腐蚀液将没有被光刻胶覆盖而暴露在外面的 SiO_2薄膜腐蚀掉，光刻胶及其覆盖的 SiO_2薄膜部分则被完好地保存下来。腐蚀有干法腐蚀和湿法腐蚀两种。

7）去胶。腐蚀完后，将留在 SiO_2薄膜上的胶膜去掉。去胶也有干法去胶和湿法去胶两种。

二、集成电路封装与测试

（一）集成电路封装

集成电路封装是采用适当的材料以一定的形式将集成电路芯片组装起来，以相对独立、自身完整、易于操作的形式进入系统应用。近年来，随着集成电路技术的飞速发展和应用前景的日益广阔，对集成电路的封装也提出了更高的要求，以满足集成电路向小型化、高速化、大功率、多引脚、高密度、高可靠性发展的需要。同时，封装成本在整个集成电路总成本中所占比例越来越高，有的甚至超过 50%。芯片和封装的关系是体内组织与皮肤的关系。封装设计与芯片和系统设计密切相关。

集成电路封装的作用包括 4 个方面：①对集成电路起机械支撑和保护作用；②对集成电路起着信号传输和电源分配的作用；③对集成电路起着散热的作用；④对集成电路起着环境保护的作用。

集成电路封装的内容包括：①进行集成电路封装结构设计、工艺设计、电设计、热设计和可靠性设计；②提高封装结构的通用化、标准化；③研制开发新工艺、新设备和新技术，提高封装工艺水平和质量，同时努力降低封装成本；④进一步采用低介电系数、高导热、高机械强度等性能优越的新型有机、无机和金属材料；⑤完善和改进集成电路封装的检验手段，加强工艺监测和质量控制。

为满足低成本和高可靠性等要求，集成电路封装需要考虑划片槽与焊盘、高速芯片封装和芯片散热问题。集成电路芯片工作时会发热，在选择封装时要考虑芯片的散热问题。集成电路封装除了要满足基本的电气连接功能外，还要能够解决因集成电路芯片技术的发展而提出的高频/高速以及引脚数目增加而造成的信号完整性（Signal Integrity，SI）问题。信号完整性是指信号通过信号线传输后仍保持其正确的功能特性而未受到损伤的一种特性，并且未受到损害的信号在电路中能以正确的时序和电压做出响应。

典型的集成电路封装形式有双列直插式封装（DIP）、小引出线封装（SOP）、四边引脚扁平封装（QFP）和四边无引脚扁平封装（QFN）等。

对于中、小规模 IC 芯片，因 I/O 引脚不多，可采用 DIP 或 SOP 封装形式；对于有数十个至数百个 I/O 引脚的 LSI 芯片，就要采用 PLCC、QFP 或 PGA（插针阵列封装）的封装形式；而对于 I/O 引脚数高达数百个乃至数千个的 VLSI 芯片，或虽然 I/O 引脚数较少（如数十个至数百个），但对封装效率（芯片面积/封装面积）要求较高的 LSI 和 VLSI 芯片，就要采用更为先进的封装结构，如 BGA（球阵列封装）、CSP（芯片级封装）、MCP（多芯片封装）或 3D 封装等。

1．多芯片封装

多芯片封装是将两片以上的集成电路封装在一个腔体内的一种新技术。多芯片封装的集成电路组件已经成功地应用在高速计算机、通信系统、航空航天系统等系统中。在民用电子产品上使用低成本的多芯片封装组件已成为一个重要的趋势，如移动电话、便携式计算机、数码相机、摄录像一体机、汽车电子、医疗电子产品等，这些组件一般都是低成本塑封形式。多芯片封装要有一个安装多个集成电路芯片的基板，基板性能将直接影响整个集成电路的性能。

常用的基板有 L（Laminate）型（即叠层型）、C（Ceramic）型（即原膜陶瓷型）、D（Deposited Thin Film）型（即沉积薄膜型）和 Si（Silicon）型（即硅型，实际上是 D 型基板的一种）。

2. 3D 封装技术

由于电子整机和系统在航空、航天、计算机等领域对小型化、轻型化、薄型化等高密度组装要求的不断提高，电子组装必然在二维 MCM 基础上向三维空间发展，称之为 3D 立体封装技术，这是今后相当长时间内实现系统组装的有效手段。与常规的微电子封装技术相比，3D 封装最明显的特点是可使产品的尺寸和质量缩小数十倍。

3D 封装主要有 3 种类型：①埋置型。埋置型 3D 封装是将元器件埋置在基板多层布线内或埋置、制作在基板内部。②有源基板型。有源基板型 3D 封装是在 Si 圆片规模集成后的有源基板上再进行多层布线，最上层再贴装 SMC/SMD，从而构成立体封装。③叠层型。叠层型 3D 封装是将 LSI、VLSI、2D-MCM 或者已封装的器件无间隙的层层叠装互连而成的。叠层型 3D 封装形式目前应用最为广泛，其工艺技术中应用许多成熟的组装互连技术，如引线键合技术、倒装芯片技术等。3D 封装代表了高密度封装的发展方向，被广泛应用在小体积的系统封装应用上。

当今世界上，绝大多数手机的生产均使用了 3D 封装技术。通常来说，闪存和静态随机存储器（SRAM）叠层在单个芯片尺寸封装内，功能更强，需要更高水平的集成。许多公司将数字基带处理器器件与其他附加功能，如 MP3 解码和 GPS 处理等，集成到更大容量的存储器器件之中。由于 3D 封装不但使电子产品的组装密度更高，也使其功能更多、传输速度更高、相对功耗更低、性能更好、可靠性更高、成本更低，已成为实现电子整机系统功能的有效途径，将有可能推动新封装技术的发展，成为未来 10 年内的主流封装形式。

封装技术未来将由单芯片向多芯片发展，由平面型封装向立体封装发展，由独立芯片封装向系统集成封装发展。另外，由于 3D 封装可能实现超大容量存储，缩短连线，提高集成电路的工作频率，并有可能降低造价，因此必将成为封装发展的重点。

（二）集成电路测试

1. 集成电路测试原理

对于设计完成的集成电路，生产出来以后一定要进行测试，只有经测试确定为良品，才能出厂用于各类电子产品当中。产品测试失效的原因可能包括：测试方法本身有错误、加工工艺有问题、电路设计存在错误，或者所定的测试规范有问题等。测试的作用是检验是否存在问题。集成电路的测试过程就是一系列问题的诊断过程。随着集成电路日趋复杂、集成度日益增高，人们对集成电路的可靠性要求也越来越高，集成电路测试已经成为一个越来越困难的问题，而测试又是生产流程中必不可少的一个环节。先进的设计工具使得人们能够快速设计和制造非常复杂的电路，并且随着产品成本的降低，总成本中测试所占的比例在不断增加。

测试的基本原理是：从输入端施加若干激励信号，观察由此产生的输出响应，并与预期的正确结果进行比较，一致就表示系统正常，不一致则表示系统有故障。显然，测试系统的质量依赖于测试矢量的精度，同时，要有规范的测试标准。针对 SOC，通常是由来自不同厂商的各种 IP 核集成芯片构成，针对这类芯片，IEEE 提出了嵌入式核测试标准 P1500，作为 IP 核开发者和 IP 核集成者之间的桥梁。

2．集成电路测试分类

（1）特性测试（验证测试）。特性测试在生产之前进行，目的在于验证设计的正确性，并且器件要满足所有的需求规范。需要进行功能测试和全面的 AC/DC 测试。

（2）生产测试。生产测试不诊断故障，只做通过、不通过的判决。

（3）老化测试。在实际应用中，通过测试的芯片有些很快失效，有些则会正常工作很久，老化测试就是通过一个长时间的连续或周期性的测试使不好的器件失效，从而确保通过老化测试后的器件的可靠性。

（4）成品检测。成品检测是在将器件安装到系统之前，系统制造商进行的测试。根据测试对象来分，集成电路测试可以分为圆片测试和成品测试，即中测和成测。中测是圆片制造的最后一道工艺，由测试仪结合探针台完成，而成测是对封装好的电路进行测试，由测试仪结合分选机完成。

第二节 集成电路的设计及地位

一、集成电路的设计

集成电路设计是根据电路功能和性能的要求，在正确选择系统配置、电路形式、器件结构、工艺方案和设计规则的情况下，尽量减小芯片面积、降低设计成本、缩短设计周期，以保证全局优化，设计出满足要求的集成电路。由于往往一块集成电路要担负已相当于一个整机系统的功能，因而集成电路的设计往往也是电子系统整机的设计。

（一）集成电路设计步骤

（1）系统规范化说明。系统规范化说明包括系统功能、性能、物理尺寸、设计模式、制造工艺、设计周期、设计费用等。

（2）功能设计。功能设计是将系统功能的实现方案设计出来，通常是给出系统的时序图及各子模块之间的数据流图。

（3）逻辑设计。逻辑设计是将系统功能结构化，通常以文本、原理图、逻辑图表示设计结果，有时也采用布尔表达式来表示设计结果。

（4）电路设计。电路设计是将逻辑设计表达式转换成电路实现。

（5）物理设计。物理设计又称版图设计，版图就是一组相互套合的图形，各层版图对应不同的工艺步骤，每一层版图都用不同的图案来表示。版图是设计与制备之间的接口，版图与所采用的制备工艺紧密相关。版图设计是 IC 设计中最费时的一步，它要将电路设计中的每一个元器件包括晶体管、电阻、电容、电感等以及它们之间的连线转换成集成电路制造所需要的版图信息。

版图设计过程是由底向上的过程，包括两项：①布局。布局是将模块安置在芯片的适当位置，满足一定目标函数。对级别最低的功能块，布局是指根据连接关系，确定各单元的位置；对级别高一点的功能块，布局是分配较低级别功能块的位置，使芯片面积尽量小。②布线。布线是根据电路的连接关系，在指定区域（面积、形状、层次）百分之百完成连线，并使布线均匀，优化连线长度，保证布通率。

（6）设计验证。受到 IC 制造工艺极限条件和具体工艺要求的限制，IC 版图设计在移交制造厂家前必须进行一系列的版图验证，以确保芯片的成品率。其验证内容主要包括 3 项：①设计规则检查（DRC）。对最小线宽、最小图形间距、最小接触孔尺寸、栅和源漏区的最小交叠等进行规则检查。②电气规则检查（ERC）。检测有没有电路意义的连接错误，如短路、开路、孤立布线、非法器件等，介于设计规则与行为级分析之间，不涉及电路行为。③电路与版图一致性验证（LVS）。对从版图提取出的电路网表与从原理图得到的网表进行比较，检查两者是否一致，主要用于保证进行电路功能和性能验证之前避免物理设计错误。

集成电路设计的最终输出是掩模版图，通过制版和工艺流片可以得到所需的集成电路。版图设计完成后，下面的工作是制作 IC 芯片光刻用的掩模版。版图设计的最终结果要以图形数据来表示，目前常用的图形描述语言格式有 CIF 和 GDSII等。比如，图形数据放在磁盘或磁带上，计算机辅助制版时将这些图形数据输入计算机中，经计算机处理后，直接控制各种不同的制图设备，间接或直接地制造出所需的掩模版。

工程上常用的设计流程有两类：①自底向上（Bottom-up）。“自底向上”的设计路线，即自工艺开始，先进行单元设计，在精心设计好各单元后逐步向上进行功能块、子系统设计直至最终完成整个系统设计。在模拟 IC 和较简单的数字 IC 设计中，大多采用“自底向上”的设计方法。②自顶向下（Top-down）。“自顶向下”的设计步骤与“自底向上”的步骤相反，设计者首先进行行为设计，其次进行结构设计，接着把各子单元转换成逻辑图或电路图，最后将电路图转换成版图。

（二）集成电路设计特点

（1）对设计正确性提出更为严格的要求。设计的正确性是 IC 设计中最基本的要求。IC 设计一旦完成并送交制造厂生产后，再发现有错误，就需要重新制版、重新流片，这会造成巨大的损失。因此，要保证 100%的设计正确性。

（2）版图设计。版图设计的任务是在一定的设计指标、电气性能等条件的约束下，在一块芯片上安置所有的单元电路，完成各单元之间的电学互连，并使占用的芯片面积最小和连线总长最短。

（3）分层分级设计和模块化设计。分层分级设计和模块化设计是将一个复杂的集成电路系统的设计问题分解为复杂性较低的设计级别，这个级别可以再分解到复杂性更低的设计级别，这样的分解一直继续到使最终的设计级别的复杂性足够低，也就是说，能相当容易地由这一级设计出的单元逐级组织成复杂的系统。一般来说，级别越高，抽象程度越高；级别越低，细节越具体。

（4）设计过程集成化。计算机在集成电路设计中的作用是不可取代的。如果说集成电路在最初发展阶段可以用手工进行设计的话，那么，如今集成电路设计离开计算机进行辅助设计是无法实现的。由于 IC 设计这一独特的限制，就需要有功能更强、性能更好的电子设计自动化（EDA）设计工具将整个集成电路设计过程统一考虑，前后呼应，从全局的观点使系统设计达到最优。

（5）可测试性问题。集成电路引出端数目不可能与芯内器件数目同步增加，需对电路的自检功能进行考虑，测试在 VLSI 设计中是一个十分重要的课题。测试的意义在于检查电路是否能按设计要求正常工作。随着 VLSI 功能的日趋复杂，测试费用所占的比例明显增大，虽然芯片测试是在 VLSI 生产过程当中进行的，但是为了减少测试所需要的资源，往往在电路设计阶段就要考虑其可测试性的问题，增强测试的简易性。具体做法是在电路设计中，添加一些专门用于测试的辅助电路，使得整个电路是可测试的。

（三）集成电路设计工具

集成电路产业是以市场、设计、制造、应用为主要环节的系统工程。设计是连接市场和制造之间的桥梁，是集成电路产品开发的入口。成功的产品来源于成功的设计，成功的设计取决于优秀的设计工具。

在集成电路产业发展初期，集成电路设计附属于半导体工业加工。第一代的 ICCAD 系统为 IC 设计师提供了方便的版图编辑、设计验证和数据转换等功能。20 世纪 70 年代末到 20 世纪 80 年代初，ICCAD 技术进入了第二代，为设计师提供了方便的原理图编辑、仿真和物理版图的布图、验证功能。20 世纪 80 年代末至 20 世纪 90 年代初，ICCAD 技术进入了第三代，包括了系统级的设计工具。进入 20 世纪 90 年代中期，第四代 ICCAD 工具——EDA 工具成为市场的主流，其主要标志是系统级设计工具的推出和逻辑设计工具的广泛应用。

目前，市场上基于工作站平台上的主流集成电路设计软件包括以下 5 种。

（1）Cadence EDA 软件。Cadence 公司为 IC 设计者提供了丰富的设计工具，包括数字系统模拟工具 Verilog-XL、电路图设计工具 Composer、电路模拟工具 Analog Artist、射频模拟工具 Spectre RF、版图编辑器 Virtuoso Layout、布局布线工具 Preview 和版图验证工具 Dracula 等。

（2）Synopsys EDA 软件。Synopsys 公司在 EDA 业界以它的综合工具而称著。Synopsys 提倡高层设计，现今已有八成的 ASIC 是由高层设计的，它支持超大规模集成电路（Very Large Scale Integrated Circuit，VLSI）的硬件描述语言全集，允许概念级验证，可以自动生成特定域的门级网表。

Synopsys 公司于 2002 年合并了 Avant 公司之后，拥有了一系列深亚微米 ASIC 设计的专业化工具，包括优秀的模拟工具 Hspice，使得底层设计能力得到了提升。

（3）Mentor EDA 软件。Mentor 公司具有 EDA 全线产品，包括设计图输入工具、数字电路设计工具、模拟电路分析工具、数/模混合电路分析工具、逻辑综合工具、故障分析模拟工具、PCB 设计工具、ASIC 设计与校验工具、自动测试矢量生成（ATPG）工具、系统设计工具、数字信号处理器（DSP）和现场可编程门阵列（Field Programmable Gate Array，FPGA）设计等。

（4）Zeni EDA 软件。九天（Zeni）系统是熊猫（Panda）系统的改进版。熊猫系统是我国在 20 世纪 80 年代后期自主开发的面向全定制和半定制大规模集成电路而设计的，具有可支持 10 万元件规模设计能力的大型集成电路计算机辅助设计系统。九天（Zeni）系统包含 3 个子系统，覆盖了集成电路设计的主要过程，内容包括 3 项：①基于语言的和基于图形的设计输入，各个级别的设计正确性的模拟验证（ZeniVDE）；②交互式的物理版图设计（ZeniPDT）；③版图正确性验证以及 CAD 数据库（ZeniVERI）。

（5）Silvaco EDA 软件。Silvaco 公司的 EDA 软件包括工艺计算机辅助设计（TCAD）和基于工艺设计工具包（PDK）的定制 ICCAD 设计流程所需要的所有工具。其中 TCAD 产品使得器件工程师可以通过基于物理的仿真来进行设计和预测半导体器件的制作及性能，具有一个易于使用、模块化的平台。该产品中的工艺仿真系统 Athena 提供半导体工艺的仿真，用于模拟半导体材料的注入、扩散、刻蚀、淀积、光刻、氧化以及硅化等过程；器件仿真系统 Atlas 提供半导体器件的电气、光学和热学特性的仿真和建模；ICCAD 产品提供了与 HSpice 完全兼容的模拟电路仿真器 SmartSpice，基于谐波平衡的仿真器 SmartSpice RF，Expert 版图编辑器以及 Guardian DRC、LVS 和 LPE 物理验证工具等。

二、集成电路的地位

集成电路作为现代电子技术的核心组成部分，在科技领域中拥有重要的地位。它是由多个电子器件（如晶体管、电容器和电阻器）以微小的尺寸集成在单个芯片上的技术。

第一，集成电路的地位体现在其在现代社会的广泛应用。无论是通信、计算机、医疗、交通还是娱乐领域，几乎所有电子设备都依赖于集成电路。它们使得设备变得更小巧、更高效，同时提供更强大的功能和性能。集成电路的广泛应用促进了信息技术的迅速发展，改变了人们的生活方式和社会结构。

第二，集成电路在科学研究和工程领域中起着关键作用。研究人员和工程师利用集成电路技术设计和制造各种复杂的电子系统，包括微处理器、传感器、存储器、图像传感器等。这些系统在航天、能源、环境保护等领域发挥着重要作用，推动着科学和技术的进步。

第三，集成电路的地位还表现在经济和产业方面。作为一项重要的技术和产业，集成电路产业在全球范围内拥有巨大的市场规模。许多国家将集成电路产业作为战略性支柱产业，并加大投入，推动技术创新和产业发展。集成电路的发展不仅带动了相关产业链的繁荣，也为经济增长和就业创造了巨大的推动力。

总之，集成电路作为现代电子技术的核心，其地位不可忽视。它在广泛应用、科学研究、经济产业和未来发展等方面都扮演着重要的角色，对推动社会进步和技术创新起到至关重要的作用。

第三节　微波技术与微波集成电路

一、微波技术

（一）微波技术特性

微波是波长从 1 m 到 1 mm（相应的频率从 300 MHz 到 300 GHz）的电磁波。由于 1 m 波长的电磁波与 1 mm 的电磁波，在性能、电路和应用方面有着很多不同，因而在微波技术中，通常按波长又将微波划分为米波、厘米波、毫米波和亚毫米波 4 个波段。亚毫米波是现代微波研究的一个重要领域。普通无线电波的波长远大于地球上一般物体的尺寸，而微波的波长比地球上很多物体或者实验室中常用器件、家具的尺寸相对要小很多，或在同一量级。由于这一特点，使微波表现出了一些独特的物理特性。

（1）似光性。微波的传播特性和几何光学相似，能够像光纤一样直线传播；当微波照射到地球上的一般物体上时，会产生显著的反射、折射。

这和光投射到物体上要产生的反射、折射相似。

（2）似声性。传送微波的波导类似于声学中的传声筒、发射微波的喇叭天线和缝隙天线。

（3）穿透性。微波照射到某些物体上时，能深入该物体内部或者穿透该物体，这和可见光不同，而和某些射线相同。例如，微波可以透过塑料、木板、植被、积雪和地表层等，其穿透能力与波长有关。

（4）共渡性。电子在真空管内的渡越时间（10~9 s）与微波的振荡周期（10^{-10}~10^{-13} s）相当，因而控制电子的渡越时间，使电子能量转换成微波能量成了微波有源器件（如速调管、磁控管、行波管等）的共同物理基础。

（5）非电离性。从物理学而言，微波能量是一种量子能量，由于微波的量子能量不够大，因而它在穿透物体时不会改变物质分子的内部结构或破坏分子的化学键，称微波和物体的作用是非电离的。又由于分子、原子和原子核在外加电磁场的周期作用下所呈现的许多共振现象都发生在微波范围，因此微波为探索物质的内部结构和物质的基本特性提供了有效的手段。

（6）微波参数可控性。微波信号的频率、相位、能量注入多少都可以控制（调制）。利用这一特性可让微波信号承载大量的信息，即使是百分之一的相对带宽，其可用的频带也是非常宽的，可以达数百甚至上千兆赫，所以卫星通信、无线接入等系统，几乎都是工作在微波频段。此外，微波信号还可以携带极化信息、多普勒频率信息，这在目标探测、遥感、目标特征分析等应用中是十分重要的。

微波物理学的这些特点使得微波的产生、放大、发射、接收、传输、控制和测量等一系列技术都不同于一般电路理论，也不同于中波、短波与超短波，而形成了一门独立学科——电磁场与微波技术。

（二）微波技术元件

1. 微波无源器件

在一般电子线路中，常用的无源元件是电阻、电容、电感、变压器等。同样，在微波电路中也广泛地使用电阻、电容、电感等无源元件。但是，由于频率的增高，电子线路中常用的这些元件已经不能运用于微波频段，而微波技术中的“电阻”“电容”“电感”是一种分布参数，是不同于一般电路中的电阻、电容、电感的元件，它们对于微波信号而言起到了电阻、电容与电感的作用。此外，构成一个具有一定功能的微波电路，离不开诸如定向耦合器、功率分配器、阻抗匹配器、微波滤波器、衰减器、终端负载等无源微波元件。同样与电子线路一样，微波电路也包含各种形式的微波有源器件，如放大器、混频器、微波开关、振荡器等。它们的各种组合能够完成对微波信号的一系列处理。

2. 微波有源器件

（1）微波电真空器件。微波电真空器件主要包括速调管、行波管、磁控管、返波管、回旋管、虚阴极振荡器等，它们利用电子在真空中运动及与外围电路相互作用产生振荡、放大、混频等各种功能。

（2）微波半导体器件。微波半导体器件主要包括微波晶体管和微波二极管等。微波半导体器件具有体积小、质量轻、耗电省等优点，但在高频、大功率设备中，它们还不能完全取代微波电真空器件。

（3）微波集成电路。微波集成电路将具有微波功能的电路用半导体工艺制作在砷化镓或其他半导体材料芯片上，形成功能块，在固态相控阵雷达、电子对抗设备、导弹电子设备、微波通信系统和超高速计算机中有着广泛的应用。

（4）微波功率模块。微波功率模块是通过采用固态功率合成技术，将多个固态微波功率器件组合形成的器件，这在一定程度上可以弥补半导体微波器件功率小的不足，它对雷达、通信、电子对抗等电子装备实现全固态化有重要意义。

（三）微波技术应用

微波技术的发展还表现在应用范围的扩大，其最重要的应用是雷达和通信。雷达不仅用于国防，同时也用于导航、气象测量、大地测量、工业检测和交通管理等方面。通信应用主要是现代的卫星通信和常规的中继通信。射电望远镜、微波加速器等对于物理学、天文学等的研究具有重要意义。毫米波微波技术为控制热核反应的等离子体测量提供了有效的方法。微波遥感已成为研究天体、气象和大地测量、资源勘探等的重要手段。微波在工业生产、农业科学等方面的研究，以及在生物学、医学等方面的研究和发展已越来越受到重视。

微波与其他学科互相渗透而形成若干重要的边缘学科，其中如微波天文学、微波气象学、微波波谱学、量子电动力学、微波半导体电子学、微波超导电子学等，已经比较成熟。微波声学的研究和应用已经成为一个活跃的领域。微波光学的发展，特别是 20 世纪 70 年代以来光纤技术的发展，具有技术变革的意义。

二、微波集成电路

微波集成电路又称微波平面电路，它是工作在微波波段和毫米波波段，由微波无源器件、有源器件、传输线和互连线集成在一个基片上的微波电路功能模块。微波集成电路是将整个微波电路（包括传输线和各种微波元器件）都做在一片基片上。基片可以是半导体或绝缘基片。微波集成电路的传输线常采用微带线。

微波集成电路可分为两大类：一类称为微波混合集成电路（MHIC），另一类称为微波单片集成电路（MMIC）。微波混合集成电路是采用光刻工艺将微带线或其他分布参数传输线制作在绝缘基片上，然后在基片上焊装半导体器件（微波场效应晶体管和各种晶体管）及其他元件构成的电路。常用基片材料有高氧化铝瓷、蓝宝石、石英等。MMIC 是采用半导体工艺把元件、器件和微波传输线、连接线等全部制作在砷化镓或硅片上面的集成电路。

（一）微波混合集成电路

常用的微波混合集成电路有微带混频器、微波低噪声放大器、功率放大器、倍频器、相控阵单元等各种宽带微波电路。根据电路功能、指标要求、工作频率，利用微带设计仿真软件设计好微带板图后，用光刻或者其他机械的或者化学的方法制作微带板图，而后将集总微波电阻、集总微波电容、微波晶体管和微波单片集成电路等元件焊接在微带线上。

与分立微波元件相比，微波混合集成电路可以大大减小微波器件的体积。例如，一个倍频 20 倍的倍频器，采用二极管倍频电路，输入为 250 MHz，输出为 5 GHz，带宽为 250 MHz，杂波抑制为 60~70 dB（含微带滤波器），其基板面积约为 5 cm × 10 cm，这是分立微波元件不可能做到的。

（二）微波单片集成电路

微波单片集成电路包括多种功能的电路，如低噪声放大器（LNA）、功率放大器、混频器、上变频器、检波器、调制器、压控振荡器（VCO）、移相器、开关、收发前端，甚至整个发射/接收（T/R）组件（收发系统）。低噪声 MMIC 放大器的处理水平主要反映在几个方面。首先，作为通信系统接收前端的重要器件，低噪声放大器（LNA）对系统的噪声性能和接收灵敏度起决定性的作用。其次，输入输出端的阻抗匹配和噪声匹配是实现高增益和低噪声的关键。MMIC 功率放大器芯片，Ku 波段（波长约 2 cm）输出功率为 3.5 W，功率增益为 11.5 dB；60 GHz 的 MMIC 输出功率可达 300 mW；94 GHz 的 MMIC 最大输出功率为 300 mW，最高功率附加效率为 10.5%。

微波单片集成电路已成为当前发展各种高科技武器的重要支柱，已广泛用于各种先进的战术导弹、电子战、通信系统、陆海空基的各种先进的相控阵雷达（特别是机载和星载雷达），在民用商业的移动电话、无线通信、个人卫星通信网、全球定位系统、直播卫星接收和毫米波自动防撞系统等方面已形成正在飞速发展的巨大市场。

MMIC 并不完全追求高集成度，混合型单片集成可以大大提高成品率和总体性能。例如，卫星广播接收站高频头就可以由放大器、本机振荡器、混频中放 3 块单片集成电路，外加 1 只低噪声放大晶体管做前置放大器，体积并没有增加太多，而性能、成本却有很大改善。

MMIC 为了减小电路面积、提高芯片利用率，在微波段又倾向于使用集中参数的电容、电阻和平面螺旋线圈电感。因为这些元件没有封装外壳，经微细加工后，其尺寸可以远小于波长，有利于减小电波杂散耦合。只有在毫米波单片集成电路（MIMIC）才更多采用分布参数元件。

MMIC 的制作过程与一般半导体 IC 有相似之处，需经过版图设计、制作、测试与封装等阶段，但 MMIC 的设计、制作工艺和封装都与一般半导体 IC 不同。

1. MMIC 的设计版图

MMIC 设计版图时需要关注几个关键部分。首先，有源器件和无源器件的选择及其布局设计是至关重要的。这些器件包括晶体管、电容和电感等，它们的布局和尺寸会影响电路的性能。其次，匹配网络的设计也是 MMIC 设计的关键一环。例如，输入匹配网络的设计，需要考虑在特定工作频率（如 10 GHz）下，将输入阻抗从 50 Ω 匹配到 20.2+j*3.5 Ω，可以使用简单的 LC 电路来实现。同时，版图中的电感和电容应尽可能靠近，以减少引线电阻和寄生电容的影响。再次，版图中的接地安排也非常重要。对于上述例子，将电容接地替换为地孔，长宽一致，可以进一步优化电路性能。最后，还需要考虑信号线的布局和屏蔽。信号线的布局应尽量避免交叉和重叠，以减少信号干扰。同时，应对敏感的信号线进行屏蔽处理，防止外部电磁干扰影响电路的正常工作。

2．MCM 封装

封装技术是实现微波器件小型化的重要手段，必须采用多芯片组件（Multi-Chip Module，MCM），才能省去 MMIC 之间的高频接头，才能实现小型化。MCM 技术是将多个 LSI/VLSI/ASIC 裸芯片和其他元器件组装在同一块多层互连基板上，然后进行封装，从而形成高密度和高可靠性的微电子组件。根据所用多层布线基板类型的不同，MCM 可分为叠层多芯片组件（MCM-L）、陶瓷多芯片组件（MCM-C）、淀积多芯片组件（MCM-D）以及混合多芯片组件（MCM-C/D）等。MCM 可以将数字电路、模拟电路、微波电路、功率电路以及光电器件等合理有效地集成在一起，形成半导体技术所无法实现的多功能部件或系统，从而实现产品的高性能和多功能化。

多芯片组件（MCM）是一项激动人心的微电子组装与封装技术，该技术对电子信息产品发展的影响无法估量。世界各发达国家对其给予了极大的重视。20 世纪 90 年代，美国将其列为六大关键军事技术之一，随后，又将其确定为 2010 年前重点发展的十大军民两用高新技术之一。欧洲 5 国（英国、法国、瑞士、奥地利和芬兰）曾制定了一个 3 年（1992—1994 年）规划，组织 MCM 产品的联合开发、设计和生产。

MCM 用于微波组件封装具有特别的重要性和技术难度，近年发展了一种低温共烧陶瓷（Low Temperature Co-fired Ceramics，LTCC）的三维微波多层结构组件技术，它通过微波传输线（如微带线、带状线、共面波导）、逻辑控制线和电源线的混合信号设计，将单片微波集成电路芯片与收/发模块组合在同一个三维微波多层结构组件中。LTCC 可设计出频带较宽的微带线与带状线，叠层间实现垂直微波互连；可以将 MMIC 芯片焊盘和 ASIC 芯片焊盘、低频控制信号线和电源线分别排布在上表层和中间层；在大功率 MMIC 芯片焊盘下可设置散热通孔。

LTCC 封装技术实现了微波组件的三维结构，缩小了体积，提高了设备可靠性。例如，X 波段相控阵雷达采用 12 层 LTCC（厚度为 0.1 mm 的 Ferro-A6 生坯材料）微波互连基板，其中微带线、接地面采用厚度为 0.2 mm 的两层生坯片，带状线的两个接地面采用 10 层生坯片，距离为 1.0 mm，控制逻辑线和电源线分布在两个接地面的 10 层生坯片中，最细线条达 0.1 mm，线条

精度为 ± 0.025 mm，微波传输插入损耗为 0.22 dB/mm，集成十余块 MMIC 芯片和 ASIC 芯片以及数十只小型片式阻、容元件，采用共晶焊技术将芯片焊接到 LTCC 基板上，芯片焊透率超过 90%，采用金丝（带）键合技术实现将芯片与 LTCC 基板焊接到 AlSiC 外壳中。该技术已从制造军用装备向民用扩展，将 MMIC 芯片倒装焊接在 LTCC 上，封装出汽车雷达用 76~77 GHz 的 MMIC 模块，配备到豪华型轿车上，提供适应性的巡航控制。微波射频芯片与 LTCC 技术相结合可实现微波收/发模块小型化，可应用在微功耗的无线局域网收/发模块、通信网络组件、蓝牙收/发模块和天线开关模块中。

第六章　信号与信息处理技术

第一节　信号与系统分析

信号与系统在自然科学和社会科学领域中发挥着越来越重要的作用，信号与系统问题无处不在。人们在自然科学以及工程、经济、社会科学等许多领域中，广泛地引用“系统”的概念、理论和方法，并根据各学科自身规律，建立相应的数学模型，研究各自的问题。

一、信号的描述与分类

人们常常把来自外界的各种报道统称为消息。通常把消息中有意义的内容称为信息。信号是信息的表现形式（或载体），信息则是信号的具体内容。

（一）信号的描述

信号是信息的一种物理表现，可描述范围极其广泛的一类物理现象。从不同的角度来理解，信号又有着不同的描述。物理上，信号是信息基于变化的载体形式。数学上，信号是一个或多个变量的函数。形态上，信号表现为一种波形。

信号既可以从时间特性来描述，也可以从频率特性来描述。其时间特性表示为随时间变化的函数，频率特性则表示为许多不同频率的正弦分量之和。

（二）信号的分类

1．确定性信号和随机信号

若信号可以用一确定的时间函数或序列来表示，则称其为确定性信号，亦称规则信号，而具备不确定性或不可预知性的信号则称为随机信号。

严格来说，在实践中经常遇到的信号一般都是随机信号。虽然如此，研究确定性信号仍是十分重要的，因为它是一种理想化模型，不仅适用于工程应用，也是研究随机信号的重要基础。

2．连续信号和离散信号

按信号的自变量是否连续，信号可分为连续时间信号和离散时间信号。

连续时间信号，简称连续信号，指在连续时间范围（$-\infty < t < +\infty$）内有定义的信号。这里所谓的“连续”是指函数的定义域（信号的自变量）时间（或其他量）是连续的，至于信号的值域（幅值），可以是连续的，也可以不是连续的。

离散时间信号，简称离散信号，指仅在某些离散时刻有定义的信号。

3．周期信号和非周期信号

连续周期信号表达式为 $f(t)=(t+mT)$，$m=0$，± 1，± 2，…，T 为信号的周期。不具备周期性的信号为非周期信号，离散周期信号与之类似。

只要给出周期信号任一周期内的函数式或波形，便可知它在任一时刻的值。因为周期信号每一周期内信号完全一样，故只需研究信号在一个周期内的状况。

二、系统的描述与分类

（一）系统的描述

系统的概念是由若干相互作用、相互依存的事物按一定规律组合的能够完成某些特定功能的整体。

信号的概念与系统的概念常常紧密地联系在一起。信号与系统是相互依存的整体，系统常称为信号的变换器或处理器。相互依存的整体体现在两方面：①信号由系统产生、发送、传输与接收；②系统对信号进行变换、处理并转换为所需输出信号。没有信号的系统就没有存在的意义。

信号传输系统统称通信系统，完成信号的处理、传输。

电系统是指对电信号进行产生、传输、加工处理和储存的电路（网络）或设备（包括软硬件设备），简称系统。

（二）系统的分类

1．连续系统与离散系统

描述连续动态系统的数学模型是微分方程，描述离散动态系统的数学模型是差分方程。

（1）连续系统。解析描述（建立数学模型——微分方程）。所谓微分方程，是指由未知输出信号及各阶导数与输入信号项及各阶导数构成的方程。未知信号项最高阶导数序号与最低阶导数序号的差数称为微分方程的阶数。

例如，二阶常系数线性微分方程如下：

$$a_2 \frac{\mathrm{d}^2 y(t)}{\mathrm{d}t^2} + a_1 \frac{\mathrm{d}y(t)}{\mathrm{d}t} + a_0 y(t) = f(t) \qquad (6\text{-}1)$$

上述方程从数学角度来说代表了某些运算关系，如相乘、微分、相加运算。将这些基本运算用一些理想部件符号表示出来并相互连接表征上述方程的运算关系，这样画出的图称为模拟框图，简称框图。

（2）离散系统。所谓差分方程，是指由未知输出序列项与输入序列项构成的方程。未知序列项变量最高序号与最低序号的差数称为差分方程的阶数。差分差方程基本部件单元有乘法器、加法器、移位器（迟延单元）。

2．动态系统与即时系统

若系统在任一时刻的响应不仅与该时刻的激励有关，而且与它过去的历史状况有关，则称为动态系统或记忆系统，否则称为即时系统或无记忆系统。动态系统含有记忆元件（电容、电感等）。

3．线性系统与非线性系统

满足线性性质的系统称为线性系统。线性性质包括两个方面，即齐次性和可加性（或叠加性）。若系统的激励 $f(\cdot)$增大 a 倍时，其响应 $y(\cdot)$也增大 a 倍，即

$$T[af(\cdot)] = aT[f(\cdot)] \qquad (6\text{-}2)$$

则称该系统是齐次的。

若系统对于激励 $f_1(\cdot)$与 $f_2(\cdot)$之和的响应等于各个激励所引起的响应之和，即

$$T[f_1(\cdot) + f_2(\cdot)] = T[f_1(\cdot)] + T[f_2(\cdot)] \qquad (6\text{-}3)$$

则称该系统是可加的。

若系统既是齐次的又是可加的，则称该系统是线性的，即

$$T[af_1(\cdot) + bf_2(\cdot)] = aT[f_1(\cdot)] + bT[f_2(\cdot)] \qquad (6\text{-}4)$$

线性直观判断法：系统方程均为输入信号、输出信号的一次关系项，则系统是线性的。

不满足线性性质的系统为非线性系统。

4．时不变系统与时变系统

满足时不变性质的系统称为时不变系统。

若系统满足输入延迟多少时间，其零状态响应也延迟多少时间，即若

$$T[\{0\}, f(t)] = y_f(t) \tag{6-5}$$

则有

$$T\left[\{0\}, f\left(t-t_d\right)\right] = y_f\left(t-t_d\right) \tag{6-6}$$

系统的这种性质称为时不变性（或移位不变性）。满足时不变性质的系统称为时不变系统。

时不变性直观判断方法：若 $f(t)$前出现变系数，或有反转、展缩变换，则系统为时变系统。对于离散系统时不变性质的判断方法与连续系统的判断方法是相似的。

5．因果系统与反因果系统

零状态响应不会出现在激励之前的系统，称为因果系统，即对于因果系统，当$t<t_0$，$f(t)=0$时，有 $t<t_0$，$y_f(t)=0$；否则称为反因果系统。

6．稳定系统与不稳定系统

一个系统，若对有界的激励 $f(\cdot)$所产生的零状态响应 $y_f(\cdot)$也是有界的，则称该系统为有界输入有界输出稳定，简称稳定，即若$|f(\cdot)|<\infty$，其$|y_f(\cdot)|<\infty$，则称系统是稳定的，否则是不稳定系统。

第二节　文本信息的处理技术

互联网技术的发展与成熟，使得人们可获得的信息越来越多。面对海量信息，人们已不能简单地依靠人工来处理，需要辅助工具来帮助人们更好地发现、过滤和管理这些信息资源。如何在浩若烟海而又纷繁芜杂的文本信息中掌握最有效的信息始终是信息处理的一大目标。基于人工智能技术的文本分类，系统能依据文本的语义将大量的文本自动分门别类，从而更好地帮助人们把握文本信息。近年来，文本分类技术已经逐渐与搜索引擎、信息推送、信息过滤等信息处理技术相结合，有效地提高了信息服务

的质量。

文本分类是基于文本内容将待定文本划分到一个或多个预先定义的类中的方法，它作为处理和组织大量文本数据的关键技术，可在较大程度上解决信息的杂乱问题，对于信息的高效管理和有效利用都具有极其现实的意义，文本分类问题已成为数据挖掘领域中一个重要的研究方向。目前，文本分类方面的文献也非常丰富，常见于信息检索、机器学习、知识挖掘与发现、模式识别、人工智能、计算机科学与应用等各种国际会议及相关的期刊。

一、文本分类的处理过程

文本自动分类是分析待定文本的特征，并与已知类别中文本所具有的共同特征进行比较，然后将待定文本划归为特征最接近的一类并赋予相应的分类号。

文本分类一般包括文本预处理、分类算法的选择、分类结果的评价与反馈等过程。

（一）文本预处理

任何原始数据在计算机中都必须采用特定的数学模型来表示，目前存在众多的文本表示模型，如布尔模型、向量空间模型、聚类模型、基于知识的模型和概率模型等。其中向量空间模型具有较强的可计算性和可操作性，得到了广泛的应用。经典的向量空间模型是于 20 世纪 60 年代末提出的，并成功应用于著名的 SMART 系统，已成为最简便、最高效的文本表示模型之一。

向量空间模型的最大优点在于它在知识表示方法上的优势。在该模型中，文本的内容被形式化为多维空间中的一个点，并以向量的形式来描述，文本分类、聚类等处理均可以方便地转化为对向量的处理、计算。也正是因为把文本以向量的形式定义到实数域中，才使得模式识别和数据挖掘等领域中的各种成熟的计算方法得以采用，大大提高了自然语言文本的可计算性和可操作性。因此，近年来，向量空间模型被广泛应用在文本挖掘的各个领域。

对于基于向量空间模型的文本预处理，主要由 4 个步骤来完成：中文分词、去除停用词、文本特征提取和文本表示。

1. 中文分词

中文分词是对中文文本进行分析的第一个步骤，是文本分析的基础。

现在的中文分词技术主要包括基于字符串匹配的分词技术、基于理解的分词技术、基于统计的分词技术和基于多层隐马尔可夫模型的分词技术等。

2. 去除停用词

所谓停用词，是指汉语中常用到的“的”“了”“我们”“怎样”等，这些词在文本中分布较广、出现频率较高，且大部分为虚词、助词、连词等，这些词对分类的效果影响不大。文本经中文分词之后，得到大量词语，而其中包含了一些频度高但不含语义的词语，比如助词，这时可以利用停用词表将其过滤，以便于文本分类的后续操作。

3. 文本特征提取

文本经过中文分词、去除停用词后得到的词语量特别大，由此构造的文本表示维数也非常大，并且不同的词语对文本分类的贡献也是不同的。因此，有必要进行特征项选择以及计算特征项的权重。

4. 文本的表示

文本的表示主要采用向量空间模型。向量空间模型的基本思想是以向量来表示文本：(W_1，W_2，W_3，…，W_n)，其中 W_i 为第 i 个特征项的权重，特征项一般可以选择字、词或词组。根据实验结果，普遍认为选取词作为特征项要优于字和词组。因此，要将文本表示为向量空间中的一个向量，首先要将文本分词，由这些词作为向量的维数来表示文本。最初的向量表示完全是 0、1 的形式，即如果文本中出现了该词，那么文本向量的该维数为 1，否则为 0。这种方法无法体现这个词在文本中的作用程度，所以逐渐被更精确的词频代替。词频分为绝对词频和相对词频，绝对词频即使用词在文本中出现的频率表示文本，相对词频为归一化的词频，其计算方法主要运用词频-逆文档频率公式。

（二）文本分类算法

训练算法和分类算法是分类系统的核心部分，目前存在多种基于向量空间模型的训练算法和分类算法，主要有 K 近邻算法、贝叶斯算法、最大熵算法、类中心向量最近距离算法、支持向量机算法和神经网络算法等。

简单向量距离分类算法的核心是利用文本与本类中心向量间的相似度判断类的归属，而贝叶斯算法的基本思路是计算文本属于类别的概率。

K 近邻算法的基本思路是在给定新文本后，考虑在训练文本集中与该新文本距离最近（最相似）的 K 篇文本，根据这 K 篇文本所属的类别判定新文本所属的类别。

支持向量机和神经网络算法在文本分类系统中应用得较为广泛。支持向量机的基本思想是使用简单的线性分类器划分样本空间，对于在当前特征空间中线性不可分的模式，则使用一个核函数把样本映射到一个高维空间中，使得样本能够线性可分。神经网络算法采用感知算法进行分类。在这种模型中，分类知识被隐式地存储在连接的权值上，使用迭代算法来确定权值向量。当网络输出判别正确时，权值向量保持不变，否则要进行增加或降低的调整，因此也称为奖惩法。

经过文本分类预处理后，训练文本合理向量化，奠定了分类模型的基础。向量化的训练文本与文本分类算法共同构造出了分类模型。在实际的文本分类过程中，主要依靠分类模型完成文本分类。

（三）分类结果的评价与反馈

文本分类系统的任务是在给定的分类体系下，根据文本的内容自动地确定文本关联的类别。

从数学角度来看，文本分类是一个映射的过程，它将未标明类别的文本（待分类文本）映射到已有的类别中。文本分类的映射规则是系统根据已经掌握的每类若干样本的数据信息，总结出分类的规律性，从而建立判别公式和判别规则，然后在遇到新文本时，根据总结出的判别规则，确定文本相关的类别。

因为文本分类从根本上说是一个映射过程，所以评估文本分类系统的标准是映射的准确程度和映射的速度。映射的速度取决于映射规则的复杂程度，而评估映射准确程度的参照物是通过专家思考判断后对文本进行分类的结果（这里假设人工分类完全正确并且排除个人思维差异的因素），与人工分类结果越相近，分类的准确程度就越高。

二、文本信息处理的应用

人类历史上以语言文字形式记载和流传的知识占总量的 80%以上，这些语言被称为自然语言，如汉语、英语、日语等。自然语言处理是指利用计算机为工具对人类特有的书面和口头形式的自然语言的信息进行各种类处理和加工的技术，是人工智能研究的重要内容之一。主要应用在以下研究领域：

（1）机器翻译：实现一种语言到另一种语言的自动翻译，常用于文献翻译、网页翻译和辅助浏览等，如著名的 Systran 系统。

（2）自动文摘：将原文档的主要内容或某方面的信息自动提取出来，并形成原文档的摘要或缩写，主要应用在电子图书管理、情报获取等方面。

（3）信息检索：也称情报检索，即利用计算机系统从大量文档中找到符合用户需要的相关信息，如我们非常熟悉的搜索引擎网站百度。

（4）文档分类：也叫文本自动分类，即利用计算机系统对大量的文档按照一定的分类标准（如根据主题或内容划分等）实现自动归类，主要应用在图书管理、内容管理和信息监控等领域。

（5）信息过滤：利用计算机系统自动识别和过滤那些满足特定条件的文档信息，主要应用于网络有害信息过滤、信息安全等。

（6）问答系统：通过计算机系统对人提出的问题，利用自动推理等手段，在有关知识资源中自动求解答案并作出相应的回答。问答技术有时与语音技术和多模态输入/输出技术，以及人机交互技术等相结合，构成人机对话系统。问答系统主要应用在人机对话系统、信息检索等领域，是文本信息处理系统的重要组成部分。

第三节　语音信号的处理技术

语音是语言的声学表现形式，是最符合人类自然习惯的一种人际信息传播方式，通过语音传递信息是人类最重要、最有效、最常用和最方便的交换信息的形式。语言是人类特有的功能，声音是人类常用的工具，是相互传递信息的最主要手段，它具有最大的信息容量和最高的智能水平。因此，用现代的手段研究语音处理技术，使人们能更有效地产生、传输、存储、获取和应用语音信息，对于促进社会发展具有十分重要的意义。

一、语音信号处理概述

（一）语音信号的特性

构成人类语音的是声音，是一种特殊的声音，是由人讲话所发出的。

语音是由一连串的音组成，具有被称为声学特征的物理性质。语音中的各个音的排列由一些规则所控制，对这些规则及其含义的研究属于语言学的范畴，而对语音中音的分类和研究则称为语音学。

语音是人的发音器官发出来的一种声波，它和其他各种声音一样，具有声音的物理属性，由音质、音调、音强及音量和声音的长短 4 种要素组成。

（1）音质（音色）：一种声音区别于其他声音的基本特征。

（2）音调：声音的高低。音调取决于声波的频率，频率快则音调高，频率慢则音调低。

（3）音强及音量：也称响度，是由声波振动幅度决定的。

（4）声音的长短：也称音长，取决于发音持续时间的长短。

语音信号最主要的特性是随时间而变化的，是一个非平稳的随机过程；但是，从另一方面看，虽然语音信号具有时变特性，但在一个短时间范围内基本保持不变。这是因为人的肌肉运动有一个惯性，从一个状态到另一个状态的转变是不可能瞬间完成的，而是存在一个时间过程，在没有完成状态转变时，可近似认为它保持不变。只要时间足够短，这个假设是成立的。在一个较短的时间内语音信号的特征基本保持不变，这是语音信号处理的一个重要出发点,因而我们可以采用平稳过程的分析处理方法来处理语音。

（二）语音信号分析的方式

根据所分析的参数不同，语音信号分析又可分为时域、频域、倒频域等方法。时域分析具有简单、运算量小、物理意义明确等优点；但更为有效的分析多是围绕频域进行的，因为语音中最重要的感知特性反映在其功率谱中，而相位变化只起很小的作用。傅里叶分析在信号处理中具有十分重要的作用，它是分析线性系统和平稳信号稳态特性的强有力手段，在许多工程和科学领域得到了广泛的应用。这种以复指数函数为基函数的正交变换，理论上很完善，计算上很方便，概念上易于理解。傅里叶分析能使信号的某些特性变得很明显，而在原始信号中这些特性可能没有表现出来或表现得不明显。

然而，语音波是一个非平稳过程，因此适用于周期、瞬变或平稳随机信号的标准傅里叶变换不能用来直接表示语音信号。前面已提到，我们可以采用平稳过程的分析处理方法来处理语音。对语音处理来说，短时分析的方法是有效的解决途径。短时分析方法应用于傅里叶分析就是短时傅里叶变换，即有限长度的傅里叶变换，相应的频谱称为“短时谱”。语音信号的短时谱分析是以傅里叶变换为核心的，其特征一方面是频谱包络与频谱微细结构以乘积的方式混合在一起，另一方面是可用快速傅里叶变换进行高速处理。

（三）语音信号处理系统的结构

“基于数字信号处理技术的深入发展，在语音信号处理过程中获得了广泛的运用。”语音信号处理系统首先需要信号的采集，然后才能进行语音信号的处理和分析。

根据采集信号的不同，语言信号可分为模拟信号和数字信号，其处理系统也可分为模拟处理系统和数字处理系统。如果加上模-数转换和数-模转换芯片，则模拟处理系统可处理数字信号，数字处理系统也可处理模拟信号。由于数字信号处理和模拟信号处理相比具有许多不可比拟的优越性，所以大多数情况下都采用数字处理系统，其优越性具体表现在以下 4 个方面：

（1）数字技术能够完成许多很复杂的信号处理工作。

（2）通过语音进行交换的信息本质上具有离散的性质，因为语音可看作是音素的组合，这就特别适合于数字处理。

（3）数字系统具有高可靠性、廉价、快速等优点。

（4）数字语音适于在强干扰信道中传输，也易于进行加密传输。因此，数字语音信号处理是语音信息处理的主要方法。

二、语音信号处理的关键技术

语音信号处理是一门研究用数字信号处理技术和语音学知识对语音信号进行处理的新兴学科，同时又是综合性的多学科领域和涉及面很广的交叉学科，是目前发展最为迅速的信息科学研究领域的核心技术之一，下面重点介绍语音信号数字处理应用技术领域中的语音编码、语音合成、语音识别与语音理解技术。

（一）语音编码技术

在语音信号数字处理过程中，语音编码技术是至关重要的，直接影响到语音存储、语音合成、语音识别与理解。语音编码是模拟语音信号实现数字化的基本手段。语音信号是一种时变的准周期信号，而经过编码描述以后，语音信号可以作为数字数据来传输、存储或处理，因而具有一般数字信号的优点。语音编码主要有 3 种方式：波形编码、信源编码（又称声码器）和混合编码，这 3 种方式都涉及语音的压缩编码技术，通常把编码速率低于 64 kb/s 的语音编码方式称为语音压缩编码技术。如何在尽量减少失真的情况下降低语音编码的位数已成为语音压缩编码技术的主要内容，换言之，在相同编码比特率下，如何取得更高质量的恢复语音是较高质量语音编码系统的要求。

（二）语音合成技术

语音合成技术可分为波形编码合成、参数式合成和规则合成三类。波形编码合成以语句、短语、词或音节为合成单元，合成单元的语音信号被录取后直接进行数字编码，经数据压缩组成一个合成语音库。重放时根据待输出的信息，在语音库中取出相应的合成单元的波形数据，将它们连接在一起，经解码还原成语音。参数式合成以音节或音素为合成单元。规则合成是一种基于规则的语音合成方法，它根据语言学和语音学知识，通过规则和模型来模拟人类的语音合成过程。

（三）语音识别技术

语音识别又称语音自动识别，它基于模式匹配的思想，从语音流中抽取声学特征，然后在特征空间完成模式的比较匹配，寻找最接近的词（字）作为识别结果。多年来，语音识别技术经历了从特定人中小词汇量的孤立词语和连接词语的语音识别，到非特定人大词汇量的自然口语识别的发展历程。尽管如此，语音识别技术要走出实验室、全面融入人们的日常生活还需要一些时间。当使用环境与训练环境有差异时，如在存在背景噪声、信道传输噪声或说话人语速和发音不标准等情况下，识别系统的性能往往会显著下降，无法满足实用的要求。环境噪声、方言和口音、口语识别已经成为目前语音识别中 3 个主要的新难题。

一个典型语音识别系统由预处理、特征提取、训练和模式匹配等部分构成，具体如下：

（1）预处理。预处理部分包括语音信号的采样、抗混叠滤波、语音增强、去除声门激励和口唇辐射的影响以及噪声影响等，预处理最重要的步骤是端点检测和语音增强。

（2）特征提取。特征提取的作用是从语音信号波形中提取一组或几组能够描述语音信号特征的参数，如平均能量、过零数、共振峰、倒谱和线性预测系数等，以便训练和识别。参数的选择直接关系着语音识别系统识别率的高低。

（3）训练。训练是建立模式库的必备过程，词表中每个词对应一个参考模式，由这个词重复发音多遍，再由特征提取或某种训练得到。

（4）模式匹配。模式匹配是整个系统的核心，其作用是按照一定的准则求取待测语言参数和语言信息与模式库中相应模板之间的失真测度，最匹配的就是识别结果。

让机器听懂人类的语言，是人类长期以来梦寐以求的事情。伴随计算机技术的发展，语音识别已成为信息产业领域的标志性技术，在人机交互应用中逐渐进入我们的日常生活，并迅速发展成为“改变未来人类生活方式”的关键技术之一。

（四）语音理解技术

语音理解又称自然语音理解，其目的是实现人机智能化信息交换，构成通畅的人机语音通信。目前，语音理解技术开始使计算机丢掉了键盘和鼠标，人们对语音理解的研究重点正拓展到特定应用领域的自然语音理解上。一些基于口语识别、语音合成和机器翻译的专用性系统开始出现，如信息发布系统、语音应答系统、会议同声翻译系统和多语种口语互译系统等，正受到各方面越来越多的关注。这些系统可以按照人类的自然语音指令完成有关的任务，提供必要的信息服务，实现交互式语音反馈。

参考文献

[1] 白生谦，高红山．机动通信网快速组网技术研究与实现[J]．现代电子技术，2009（17）：23-25．

[2] 陈国良，董荣胜．计算思维的表述体系[J]．中国大学教学，2013（12）：22-26．

[3] 陈国良，李廉，董荣胜．走向计算思维 2.0[J]．中国大学教学，2020（4）：24-30．

[4] 陈宏君，蒋建军．基于光通信技术的物联网数据加密技术研究[J]．激光杂志，2021，42（5）：116-119．

[5] 陈清华，郑涛，陈家伟．数制转换的本质和方法[J]．江西师范大学学报（自然科学版），2006，30（2）：123-126．

[6] 崔锴．3G 通信网间 Macrocell 与家庭基站切换关键技术研究与仿真[J]．计算机应用与软件，2013，30（12）：276-279．

[7] 董荣胜，古天龙．计算思维与计算机方法论[J]．计算机科学，2009，36（1）：1-4．

[8] 董荣胜．计算思维与计算机导论[J]．计算机科学，2009，36（4）：50-52．

[9] 范秋生．数据加密技术在计算机安全中的应用[J]．煤炭技术，2013，32（7）：171-172．

[10] 胡展铭，姜文博，江伟伟，等．通信技术在近海环境监测中的应用[J]．海洋环境科学，2012，31（4）：613-615．

[11] 华杰．新时期电子信息原理与技术探索[M]．长春：吉林大学出版社，2018．

[12] 黄永信．电子信息科学技术研究内容及应用[J]．城市建设理论研究（电子版），2016（12）：2040．

[13] 姜同全，薛淑娟，张腾，等．一种高可靠的工业级星载计算机及其引导设计[J]．计算机测量与控制，2022，30（6）：253-258．

[14] 李芒，杨宇轩．人非机器：对计算思维本质的认识[J]．开放教育研究，2023，29（2）：55-60．

[15] 李琦．电子信息科学技术多元化教学的应用与分析[J]．青海师范大学

学报（自然科学版），2020（4）：70-72.
[16] 李庭竹，杜德斌．全球集成电路贸易网络结构演化及中国对外依赖分析[J]．中国科技论坛，2023（3）：93-103.
[17] 李兆铭．论电子信息科学技术的未来发展[J]．黑龙江科学，2013（12）：257.
[18] 梁正之．无线通信技术在智能变电站自动化系统中的应用研究[D]．上海：上海交通大学，2018.
[19] 彭其华．基于显态伪装集合监测的计算机安全访问[J]．科技通报，2014，30（4）：146-148.
[20] 齐晓光．数字电子技术发展趋势[J]．卷宗，2017（17）：224.
[21] 饶启龙．深空测控通信网技术的发展与展望[J]．信息与电子工程，2011，9（6）：669-674.
[22] 石永革，石峰．设计与构建 Intranet 广域通信网的若干关键技术[J]．南昌大学学报（理科版），2005，29（2）：193-196.
[23] 孙春艳，白金．光纤通信系统中无源器件教学研究[J]．无线互联科技，2018（3）：98-99.
[24] 孙丰磊，游敏娟．组合逻辑电路的设计与仿真[J]．中国科技信息，2012（17）：95.
[25] 王丽娜，陈洲峰．现代通信技术[M]．北京：国防工业出版社，2016.
[26] 王贤君．现代无线通信系统与技术[M]．南京：东南大学出版社，2009.
[27] 王哲河，沈云付，李双，等．三值光学计算机模拟器的设计与实现[J]．计算机应用研究，2023，40（4）：1137-1141.
[28] 王志波，王雪，马菁菁，等．面向计算机视觉系统的对抗样本攻击综述[J]．计算机学报，2023，46（2）：436-468.
[29] 吴显鼎，李海霞．电子信息工程导论[M]．北京：国防工业出版社，2013.
[30] 夏林中，杨文霞，曹雪梅．光纤通信技术[M]．北京：中国铁道出版社，2017.
[31] 夏文杰．刍议数字电子技术改革[J]．数字化用户，2018（52）：122.
[32] 向定科．帧中继技术分析[J]．湘潭师范学院学报（自然科学版），2008，30（2）：70-71.
[33] 于扬，杨泽红，贾培发．计算机安全监控系统的关键技术研究[J]．计

算机工程，2007，33（24）：146-148.
[34] 余跃. 电子信息科学技术在未来的发展[J]. 消费导刊，2018（28）：186.
[35] 张祖红. 语音信号的处理技术及其应用分析[J]. 电子技术，2022，51（12）：151-153.
[36] 赵志囡，李剑锋，贾志雷. 计算机网络中的服务[J]. 现代情报，2006（11）：214-215.
[37] 朱晶. 新时期我国集成电路产业高质量发展亟待突破的关键问题研究[J]. 中国集成电路，2023（4）：13-20.
[38] 朱立军，许志刚. 数字电路的计算机仿真[J]. 计算机仿真，2004，21（5）：180-183.